中国留学回国就业蓝皮书

2023

教育部留学服务中心　编

中国言实出版社

图书在版编目（CIP）数据

中国留学回国就业蓝皮书 . 2023 / 教育部留学服务
中心编 . –– 北京 : 中国言实出版社 , 2024.3
　　ISBN 978-7-5171-4791-6

　　Ⅰ . ①中… Ⅱ . ①教… Ⅲ . ①留学生—职业选择—研
究报告—中国—2023　Ⅳ . ① G648.9 ② D669.2

　　中国国家版本馆 CIP 数据核字（2024）第 061726 号

中国留学回国就业蓝皮书 2023

责任编辑：张　朕
责任校对：佟贵兆

出版发行：中国言实出版社
　　　　　地　　址：北京市朝阳区北苑路 180 号加利大厦 5 号楼 105 室
　　　　　邮　　编：100101
　　　　　编辑部：北京市海淀区花园路 6 号院 B 座 6 层
　　　　　邮　　编：100088
　　　　　电　　话：010-64924853（总编室）　010-64924716（发行部）
　　　　　网　　址：www.zgyscbs.cn　电子邮箱：zgyscbs@263.net

经　　销：新华书店
印　　刷：徐州绪权印刷有限公司
版　　次：2024 年 3 月第 1 版　2024 年 3 月第 1 次印刷
规　　格：710 毫米 × 1000 毫米　1/16　13.75 印张
字　　数：136 千字

定　　价：48.00 元
书　　号：ISBN 978-7-5171-4791-6

前　言

　　2022年是党和国家历史上极为重要的一年。党的二十大胜利召开，描绘了全面建设社会主义现代化国家、全面推进中华民族伟大复兴的宏伟蓝图。面对风高浪急的国际环境和艰巨繁重的国内改革发展稳定任务，以习近平同志为核心的党中央团结带领全国各族人民迎难而上，全面落实疫情要防住、经济要稳住、发展要安全的要求，加大宏观调控力度，实现了经济平稳运行、发展质量稳步提升、社会大局保持稳定，我国发展取得来之极为不易的新成就。在百年奋斗历程中，我们党始终重视培养人才、引领人才，团结和支持各方面人才为党和人民事业建功立业。党的二十大报告对人才工作给予高度重视，把教育、科技、人才工作一体部署，提出"必须坚持科技是第一生产力、人才是第一资源、创新是第一动力"。人才是衡量一个国家综合国力的重要指标之一，国家发展靠人才，民族振兴靠人才。海外人才是建设世界人才中心的重要组成部分，实现聚天下英才而用之的战略思想，需要我们制定更加积极、开放、有效的人才政策，海外人才培养与引进工作至关重要。

党的十八大以来，以习近平同志为核心的党中央高度重视留学工作，习近平总书记多次发表重要讲话，作出重要指示，留学工作走进新时代，取得了新发展，作出了新贡献。2013年10月21日，习近平总书记在欧美同学会成立100周年庆祝大会上发表讲话时提出了"支持留学、鼓励回国、来去自由、发挥作用"的方针，突出"发挥作用"。2017年12月30日，习近平总书记在给莫斯科大学中国留学生回信时，希望留学人员早日成长为"可堪大任"的优秀人才，强调"可堪大任"。2018年3月7日，习近平总书记在参加十三届全国人大一次会议广东代表团审议时，强调本土人才、海归人才要并用并重，重视"并用并重"。2021年9月27日至28日，中央人才工作会议在北京召开。会上，习近平总书记强调，"深入实施新时代人才强国战略，全方位培养、引进、用好人才，加快建设世界重要人才中心和创新高地"。2023年中央经济工作会议指出，要有力统筹教育、科技、人才工作，提高人才自主培养质量和能力，加快引进高端人才。我国留学工作以习近平总书记系列重要讲话，尤其是有关教育、留学和人才工作的重要讲话和治国理政新理念新思想新战略为指针，聚焦国家各项重大战略，围绕中心，服务国内国外两个大局站在新高度，从指导思想、政策引领、提质增效等方面实现新突破，取得新成绩。

在教育部党组的领导下，留学服务中心紧紧围绕国家改革开放、经济社会发展的总体战略和国家留学工作的总方针，不断适应留学工作发展的最新形势和广大留学人员的需求，坚持"全心全意为留学人员服务"的服务宗旨，秉承"服务全球学子，成就国际人才"的服务目标，坚持"快速、准确、热情、周到"的服务准则，不断创新服务方式，开拓新的服务项目和服务内容，提供优质高效的服务。在出国留学方面，进一步加强出国留学生安全教育，支持留学人员归国创新创业。随着留学人员规模的日益扩大、国际形势的日趋复杂，教育部留学服务中心重视开展留学人员行前教育，目前已形成国内外联动、政府社会参与、公费自费覆盖的工作机制。在支持留学人员归国创新创业方面，一是持续优化留学人员回国服务环境，大力推动"互联网＋留学服务"平台建设，实现留学回国就业落户、留学人员存档、学历学位认证业务的在线办理，依托"互联网＋"和新媒体手段，向海外人员发布招聘信息，组织线上招聘活动，与大型国企、科研院所合作建立留学人员回国实习基地；二是积极为海外留学人员回国服务牵线搭桥，围绕国家重点战略，引导留学人员到重点地区，围绕重要领域创新创业；三是着力做好海外人才引进和成果转化工作。通过"春晖计划"、短期回国项目等形式资助留学人员回国开展学术交流、科研合作等活动，通过合作科研项目吸引在外高层次留学人才与国内高校教师共同申报课题，开展合作研究。

　　编写和出版系列《中国留学回国就业蓝皮书》（以下简称《蓝

皮书》）已经成为留学服务中心的一项常态工作。《蓝皮书》自连续推出以来，对反映留学回国人员作为中国高端人才市场供应方的真实状况，以及影响留学人员回国就业的关键要素及其趋势，更好地为宏观政策引导和市场人才定位提供支持，为用人单位和政府相关部门制定人才策略和政策提供第一手资料，也为留学人员选择留学目的地、专业方向，以及择业等方面决策提供重要信息参考，得到教育部及国家相关部门的充分肯定和社会各界高度认可，产生了较好的社会效益。

2023年的《蓝皮书》由概述、留学回国人员总体情况、留学回国人员就业状况分析、留学回国人员就业状况调查报告、留学人员海外就业状况调查报告、我国主要城市引进留学回国人员就业创业政策、国内重点产业急需紧缺人才分析等七个部分组成。以数十万数据为支撑，通过大数据分析，展示中国留学回国人员的特点、就业意向与就业现状，立足于我国当前对高层次人才的强烈需求和对引进海外人才的重视，使用教育部留学服务中心2022年海外留学回国人员数据库（包括认证数据库和就业落户数据库）以及留学回国人员就业情况专项调查数据，从留学回国人员的基本情况、就业情况、就业意愿等多个维度进行系统分析。《蓝皮书》主要内容包括：一是利用教育部留学服务中心采集的留学回国人员数据，描述2022年留学回国人员的基本信息和海外留学经历，并结合2018—2022年的情况对主要信息进行时序分析；

二是聚焦2022年在教育部留学服务中心登记就业留学回国人员的基本特征、学历专业、学科背景、就业情况等方面，对我国留学回国就业人员的组成、特点和就业现状等进行分析；三是通过教育部留学服务中心向留学人员发放调查问卷，详细调查留学回国人员和海外留学人员的基本特征、海外留学经历、就业现状、就业预期、受新冠疫情影响和创业意愿等方面的情况，形成专项调查报告。四是调查分析留学人员海外就业的状况，通过出访团组重点对在瑞士、瑞典和德国等海外留学人员信息以问卷形式进行采集，最后形成留学回国人员海外就业状况专项调查报告。五是对"国内主要城市引进留学回国人员就业创业政策"和"国内重点产业急需紧缺人才分析"两个专题报告的相关内容进行了更新和补充，增加了这方面的信息量，以更好地服务于留学人员。

《中国留学回国就业蓝皮书》是教育部留学服务中心服务于留学工作的一个重要成果。我们通过中国社会科学院专业团队的建设和科学的数据采集，不断完善《中国留学回国就业蓝皮书》的内容，谨借《中国留学回国就业蓝皮书（2023）》出版之际，衷心感谢参与撰写的团队专业严谨的数据采集和政策分析工作。

教育部留学服务中心

目　录

一、概述

（一）报告产生的背景

党的二十大报告指出，深入实施人才强国战略，加快建设世界重要人才中心和创新高地，着力形成人才国际竞争的比较优势。把各方面优秀人才集聚到现代化建设的事业中来，是新时代留学人才工作的核心要务。习近平总书记强调："广大的留学回国人员是党和人民的宝贵财富，是实现中华民族伟大复兴的有生力量。"这充分体现了党中央对我国广大留学人员的高度重视和充分肯定。虽然受到国际政治形势、新冠疫情以及全球经济下行危机等多重因素影响，我国依然是最大的留学生源国，出国留学需求持续增长，出国留学目的地国选择也更加多元化，出国留学人数和学成回国人数也保持较为稳定的态势。仅从留学服务中心的认证数据来看，2020—2022年期间，认证人数从321974人上升至336205人，增长了4.42%。党中央和国务院坚定实施关于留学人员工作的方针政策，对吸引留学人员回国就业和参与中国式现代化建设发挥了重要作用，形成了鼓励出国留学与建设人才高地的良性循环。

出国留学规模不断扩大，留学人员回国发展趋势明显。据教育部公布的数据显示，党的十八大以来，在中国各类出国留学人员中，超过八成完成学业后选择回国发展。1978年到2019年年底，中国各类出国留学人员累计达656.06万人[①]。随着更多的留学人员学成回国或在国外短期工作后回国，我国正在逐步形成国际人才环流趋势。

国家教育支出类出国留学教育项目的预算总额稳定增长，创新创业环境不断优化。除了自费留学人数明显增长以外，国家建设高水平大学公派研究生人数逐年增长，相关经费支出保持稳定。从教育部年度预算来看，出国留学项目的预算数保持显著增长的态势，从2012年的110000万元到2022年的260330万元，10年间实现了近150330万元预算支出的增长[②]。2022年教育支出出国留学教育款项相比2021年财政拨款执行数减少228706万元，主要是由于新冠疫情、部分国家的入境政策以及相关制裁措施升级，导致公派留学人员面临学术交流受阻，我国政府奖学金留学生入境报到人数大幅下降。但国家仍将立足于人才战略布局，在保证公派留学规模和质量的前提下，优化留学的结构、方向和目标，灵活调整派出体系，为公派留学生教育创造发展机遇。从创新创业环境来看，各地多措并举，积极营造海归人才创新创业优良环境。我国国家创新指数在全球的排名不断上升，与多个国家和地区建立了科技合作关系，进一步为留学人员营造长期稳定的国际化创新环境。

---

① 教育部.2019年度出国留学人员情况统计［EB/OL］.［2020-12-14］. http://www.moe.gov.cn/jyb_xwfb/gzdt_gzdt/s5987/202012/t20201214_505447.html.

② http://www.moe.gov.cn/srcsite/A05/s7499/202203/t20220324_610512.html

（二）报告内容和数据来源

2023年度《中国留学回国就业蓝皮书》主要内容包括留学回国人员总体情况分析、留学回国人员就业状况分析、留学回国人员就业状况调查报告以及留学人员海外就业状况调查报告。其中，留学回国人员总体情况分析以及留学回国人员就业状况分析的主要数据经教育部留学服务中心进行信息脱敏后，基于大数据手段处理和分析，从人员的基本信息、学科学历、留学经历和就业状况等方面对我国留学回国人员的特征、人群组成及就业情况进行描述。留学回国人员就业状况调查报告和留学人员海外就业状况调查报告是教育部留学服务中心为更加了解留学回国人员和海外留学人员的就业情况，通过专项设计的调查问卷进行收集和分析，从留学回国人员的海外经历、就业特征、就业预期以及回国意愿等角度对受访者的基本信息、就业状况和意向等进行分析。为充分呈现我国各城市、新兴行业和重点行业对留学人员以及海外高层次人才的迫切需求，本书还补充了国内不同城市引进留学回国人员就业创业政策、国内重点产业急需紧缺人才分析。

报告数据来源主要有两部分：留学回国人员总体情况和就业状况分析的数据是来自教育部留学服务中心的2022年留学回国人员认证数据库和就业服务系统数据库，前者共有336205个样本，后者共有13833个样本；留学人员回国就业状况调查报告的分析数据是由教育部留学服务中心组织，通过向留学回国人员发布调查问卷获取，发放并收回5542份问卷；留学人员海外就业状况调查报告的分析数据是教育部留学服务中心组织以问卷的形式对身处海外的留学人员进行就业状况调查，发放并收回1192份问卷。

二、留学回国人员总体情况

　　本章使用教育部留学服务中心认证系统数据库分析了 2022 年中国留学回国人员的基本情况和留学经历情况。研究发现：第一，留学回国人员体现出女多男少的特点；第二，欧洲和北美洲是我国留学人员的主要目的地，英国、美国和澳大利亚是主要的留学国家。来自这三个国家的留学回国人员占比接近 55%，为 54.54%，相比 2021 年降低约 4%，主要降低的是从美国留学的回国人员；第三，硕士是留学回国人员的主力军；第四，高层次人才中从美国获得博士学位的人数继续下降，相比 2021 年下降约 6%，相比 2020 年下降约 8%。相反，从韩国获得博士学位的人数明显增加，相比 2021 年增加约 4%，相比 2020 年增加约 7.5%。

　　本章分析使用数据来自教育部留学服务中心的认证系统数据库，该数据库记录了 2022 年在教育部留学服务中心参与认证的留学回国人员的基本特征和留学经历情况，共有 336205 个有效样本。本章从留学回国人员的基本情况和留学经历两个方面对 2022 年留学回国人员的总体情况进行分析，并对一些重要变量的变化进行了时序分析。

（一）留学回国人员的基本特征

1. 性别比例

　　图 2-1 中报告了 2022 年留学回国人员的性别分布情况。可以

看出，留学回国人员中女性的比例高于男性。具体来说，女性占比为56.16%，男性占比为43.84%。

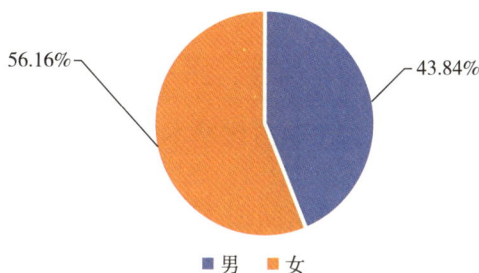

图2-1 性别比例

2.年龄分布

图2-2中报告了2022年留学回国人员的年龄分布情况。可以看出，留学回国人员的年龄集中在20—30岁之间，其中20—25岁的人员最多，占比达到约51.65%；其次为26—30岁，占比约为31.98%；再次为31—35岁，占比约为9.66%；36—40岁和41岁及以上的占比较少，分别约为3.84%和2.87%；20岁以下的占比最少，只有约0.01%。

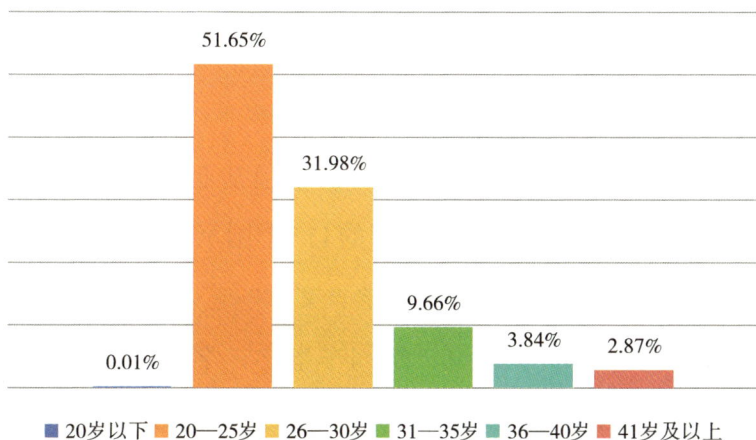

图2-2 年龄分布

图2-3中报告了分性别的留学回国人员年龄分布情况。可以看出，男性和女性的分布情况较为接近，分布在20—30岁的人数最多，男性的平均年龄为26.61岁，女性的平均年龄为26.47岁。且26岁之前女性的占比要高于男性，26—40岁时男性的占比高于女性，超过40岁后男性和女性的占比基本保持一致。

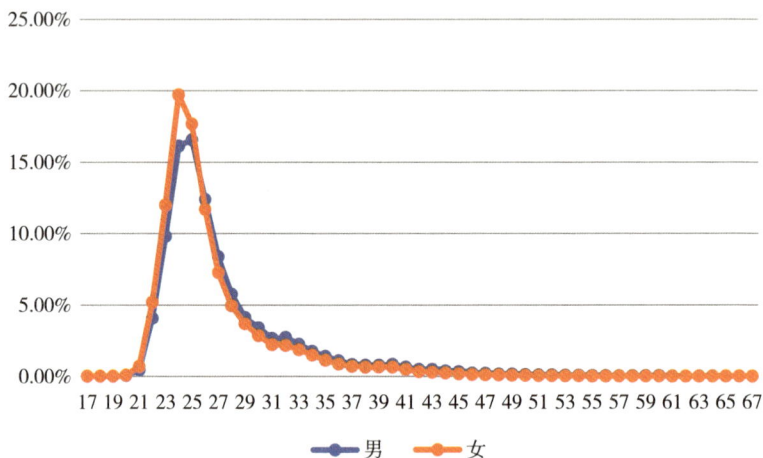

图2-3　不同性别留学回国人员的年龄分布情况

（二）留学回国人员的留学经历

2022年留学回国人员的留学目的地包括亚洲、欧洲、非洲、南美洲、北美洲和大洋洲六个大洲的115个国家或地区；所学学科包括理学、管理学、经济学、工学、文学、艺术学、教育学、法学、医学、哲学、农学、历史学和军事学；学历层次包括博士、硕士和学士。下面具体介绍2022年留学回国人员的留学经历情况。

1. 留学目的地

图2-4中报告了2022年留学回国人员的主要留学目的地情况，可以看出，欧美地区是我国留学回国人员的主要留学目的地，在欧洲留学的留学回国人员占比最多，达到37.80%；接下来是亚洲和北美洲，占比分别是26.85%和19.97%；来自大洋洲的留学回国人员占比较少，为15.26%。从非洲和南美洲留学回国的人员最少，占比分别是0.1%和0.02%。

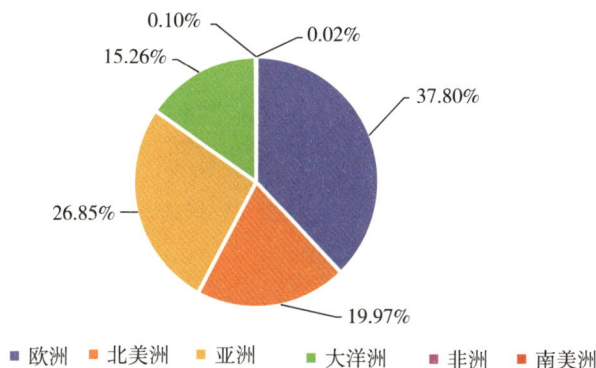

图2-4　留学回国人员的主要留学目的地

具体而言，2022年留学回国人员涵盖包括115个国家和地区，以及到我国的香港特别行政区、澳门特别行政区和台湾地区学习的大陆学生。图2-5中报告了占比超过1%的留学回国人员的主要学习国家或地区情况，可以看出，英国、美国、澳大利亚、中国香港特别行政区、韩国、日本、加拿大、新加坡、俄罗斯、法国、德国、中国澳门特别行政区、泰国、马来西亚、白俄罗斯、新西兰和意大利是留学回国人员的主要留学目的地，来自以上17个国家或地区的留学回国人员占总人数的94.28%。

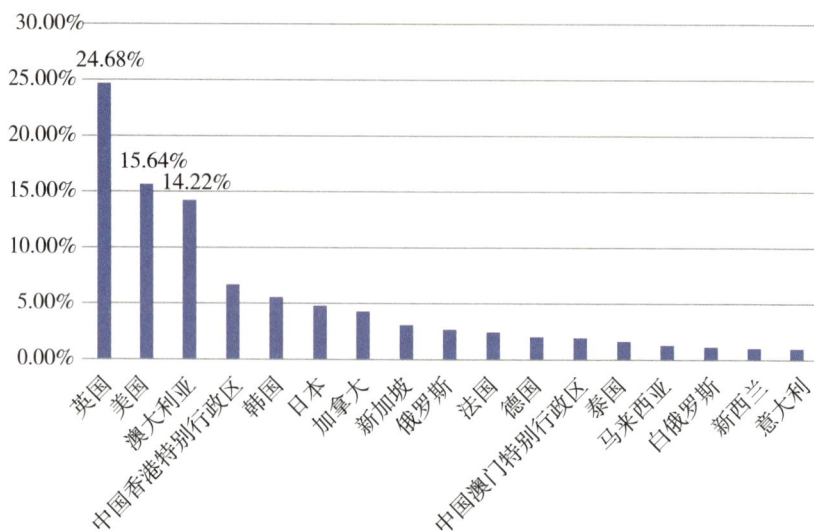

图2-5　留学回国人员的主要留学国家或地区情况

同时可以发现，英国是最热门的留学国家，24.68%的留学认证人员在英国留学。美国和澳大利亚次之，占比分别为15.64%和14.22%。

2.学位分布情况

2022年留学回国人员在海外攻读包括博士学位、硕士学位、学士学位和高等教育文凭4类，图2-6中报告了留学回国人员的学位构成情况，可以看出，有61.21%的留学回国人员在海外获得硕士学位（相比2021年上升约1%），32.34%的人员获得学士学位（相比2021年降低了约1%），获得博士学位的只有5.39%（相比2021年增加约0.7%），大部分留学回国人员具有硕士学位。

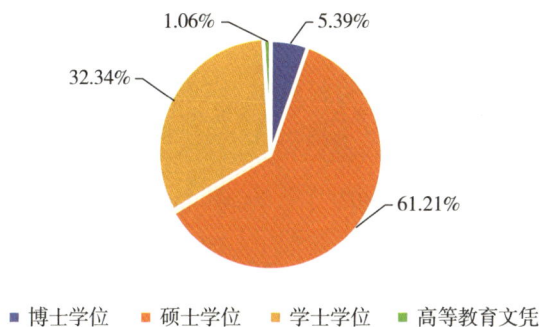

图2-6 留学回国人员的学位构成情况

我们进一步分析不同学位组的留学回国人员的主要留学大洲分布，从表2-1可以看出，在具有博士学位的留学回国人员中，从亚洲获得博士学位的人员占比最多，有46.1%（相比2021年增加8%）。从欧洲和北美洲获取博士学位人员占比次之，分别为28.7%和20.2%。从非洲和南美洲获得博士学位的人员占比最少，只有0.14%和0.02%。具有硕士学位的留学回国人员中从欧洲获得硕士学位的人员占比最多，为45.2%（相比2021年增加约3%）；从亚洲获得硕士学位的人员占比为24.9%（相比2021年增加4%）；从北美洲获得硕士学位的人员占比为14.8%（相比2021年降低约5%）。在具有学士学位的留学回国人员中，从北美洲回国的人员占比最多，达到29.3%（相比2021年降低约4%）；从亚洲、欧洲和大洋洲获得学士学位的人员占比分别为27.1%、26%和17.3%。以上结果显示，无论攻读什么层次的学位，欧洲、北美洲都是我国留学人员的主要目的地。

表2-1 不同学位组的留学回国人员主要留学大洲分布　　单位：%

学位＼大洲	亚洲	南美洲	北美洲	欧洲	非洲	大洋洲
博士	46.10	0.02	20.20	28.70	0.14	4.96
硕士	24.90	0.01	14.80	45.20	0.04	15.00
学士	27.10	0.02	29.30	26.00	0.20	17.30
高等教育文凭	35.10	0.11	36.10	14.70	0.17	13.80

　　表2-2中报告了不同学位组的留学回国人员的主要留学国家或地区分布，在具有博士学位的人员中，从美国获得博士学位的人员占比最多，为17.99%；其次是韩国和中国香港，占比分别是15.56%和8.36%。在具有硕士学位的人员中，从英国获得学位的人员占比最高，为31%；从澳大利亚和美国获得学位的人员占比次之，分别是14.54%和13.03%。在具有学士学位的人员中，从美国获得学位的人员占比最高，为20.56%；从英国和澳大利亚获得学位的人员占比次之，分别是16.19%和15.39%。以上结果显示，美国、英国和澳大利亚在不同学位组的留学回国人员中都是主要留学国。同2021年相比，变化较大的是博士学位组，从美国获得博士学位的人数继续下降，相比2021年下降约6%；从韩国获得博士学位的人数明显增加，相比2021年增加约4%。

表2-2　不同学位组的留学回国人员的主要留学国家或地区分布

博士学位组		硕士学位组		学士学位组	
国家或地区	占比（%）	国家或地区	占比（%）	国家或地区	占比（%）
美国	17.99	英国	31	美国	20.56
韩国	15.56	澳大利亚	14.54	英国	16.19
中国香港	8.36	美国	13.03	澳大利亚	15.39
日本	8.26	中国香港	8.89	韩国	8.74
英国	8.06	日本	4.02	加拿大	8.73
德国	5.18	新加坡	3.42	日本	5.27
澳大利亚	4.39	韩国	3.05	俄罗斯	3.08
中国澳门	3.45	法国	2.94	中国澳门	2.65
菲律宾	3.33	俄罗斯	2.41	中国香港	2.57
俄罗斯	3.26	德国	2.14	泰国	2.53
法国	3.09	加拿大	1.69	新加坡	2.17
新加坡	2.4	白俄罗斯	1.68	新西兰	1.95
泰国	2.27	中国澳门	1.49	马来西亚	1.49
加拿大	2.1	西班牙	1.33	德国	1.39
荷兰	2.03	马来西亚	1.27	法国	1.39

3.学科分布情况

留学回国人员在海外学习的学科包括理学、管理学、经济学、工学、文学、艺术学、教育学、法学、医学、哲学、农学、历史学和军事学等13个学科。图2-7中报告了学科分布的基本情况。

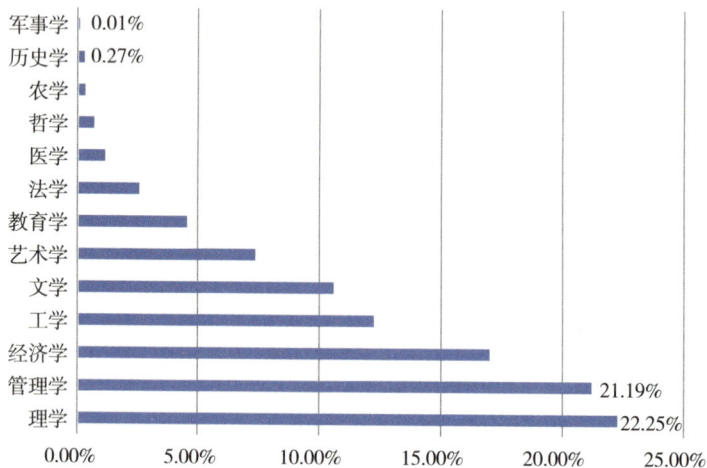

图2-7　学科分布情况

从图2-7中的结果可以看出，留学回国人员占比最多的三个学科分别为理学、管理学和经济学，占比分别为22.25%、21.19%和16.97%；学习军事学和历史学的人员占比最少，分别为0.01%和0.27%。同2021年相比，留学回国人员所学学科情况几乎没有变化。

区分获得学位的学科分布情况，从图2-8中可以看出，拥有博士学位的留学回国人员中，学习工学和理学的人数最多，占比分别是29.22%和19.79%；学习历史学和农学的人数较少，占比分别是0.52%和1.62%，同2021年相比情况变化不大。

从图2-9中可以看出，具有硕士学位的留学回国人员学习理学、管理学和经济学的人数较多，占比分别是25.40%、21.44%和14.24%；学习历史学、农学和军事学的人数占比较少，占比分别为0.25%、0.2%和0.02%，同2021年相比情况变化不大。

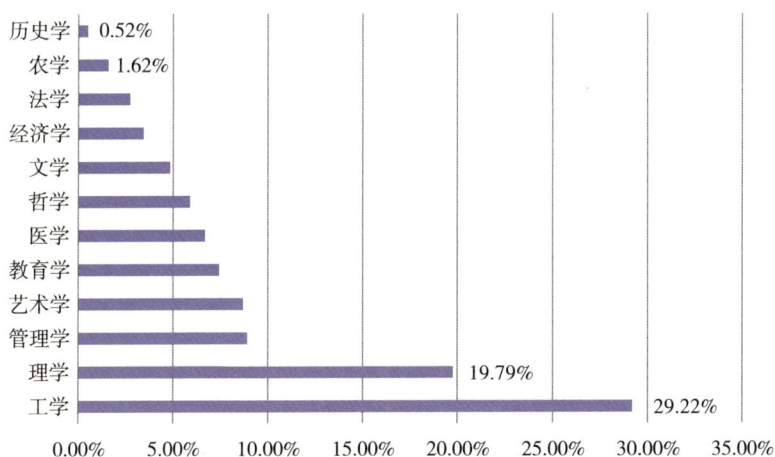

图2-8 具有博士学位留学回国人员的学科分布情况

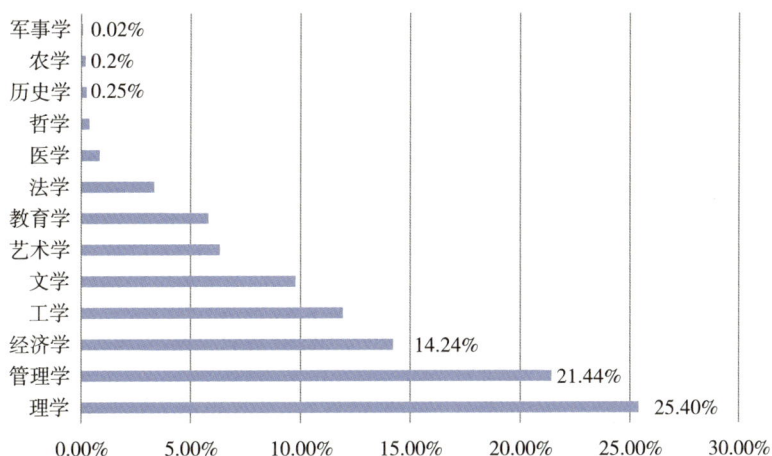

图2-9 具有硕士学位留学回国人员的学科分布情况

结合表2-8和表2-9中的结果可以发现，在具有研究生及以上学历的海外留学回国人员中，学习理工科（理学和工学）和经济管理学科（经济学和管理学）的人数较多。

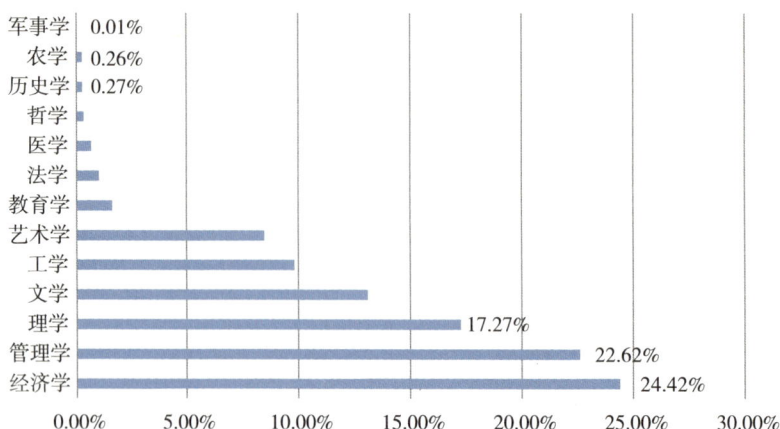

图2-10　具有学士学位的留学回国人员的学科分布情况

从图2-10中的结果可以看出，具有学士学位的留学回国人员学习经济学、管理学和理学的人数较多，占比分别为24.42%、22.62%和17.27%；学习军事学、农学和历史学的人数较少，占比只有0.01%、0.26%和0.27%。

（三）主要变量的时序分析

1.认证人数变化情况

2020—2022年在留学服务中心认证的就业人数情况见表2-3，可以发现近3年在留学服务中心进行认证的留学回国人员保持在33万人左右，总体规模保持稳定，相比2021年、2022年在留学服务中心认证的留学回国人员降低约30000人，同2020年的认证规模接近。

表2-3 2020—2022年留学服务中心认证数据库人数变化情况

年份	认证数据库人数
2022	336 205
2021	362 559
2020	321 974

2.主要变量的时序变化情况

（1）认证人员的性别比例变化情况

从表2-4中的数据可以看出，2020—2022年留学回国人员的性别占比变化不大，男性占比约为43%，女性占比约为57%，女性留学回国人员占比高于男性留学回国人员。

表2-4 2020—2022年留学回国人员性别比例变化情况

年份	女性（%）	男性（%）
2022	56.16	43.84
2021	56.57	43.43
2020	58.52	41.48

（2）认证人员的年龄变化情况

表2-5中报告了2020—2022年留学回国人员的年龄变化情况，可以发现，留学回国人员的平均年龄在2020年为26.52岁，2022年为26.9岁，保持稳定。从区分性别来看，女性留学回国人员的年龄略低于男性留学人员，但区别并不明显。

表2-5　2020—2022年留学回国人员年龄变化情况

年份	全样本（岁）	女性（岁）	男性（岁）
2022	26.9	26.47	26.61
2021	26.84	26.45	27.35
2020	26.52	27.1	27.1

（3）认证人员的学位构成变化

图2-11中绘制了2020—2022年留学回国人员获取学位的变化情况，可以发现：第一，留学回国人员的学历水平较高，约有65%的留学回国人员具有研究生学历（包括博士研究生和硕士研究生）。第二，拥有硕士学位的留学回国人员占留学回国人员的绝大部分（约60%）；拥有学士学位的留学回国人员占比次之，约为30%；拥有博士学位的留学回国人员占比只有约5%，获得高等教育文凭的留学回国人员占比最小。第三，具有博士学位的留学回国人员占比逐年提升，从2020年的4.41%增加到2022年的5.39%（增长约3500人）。

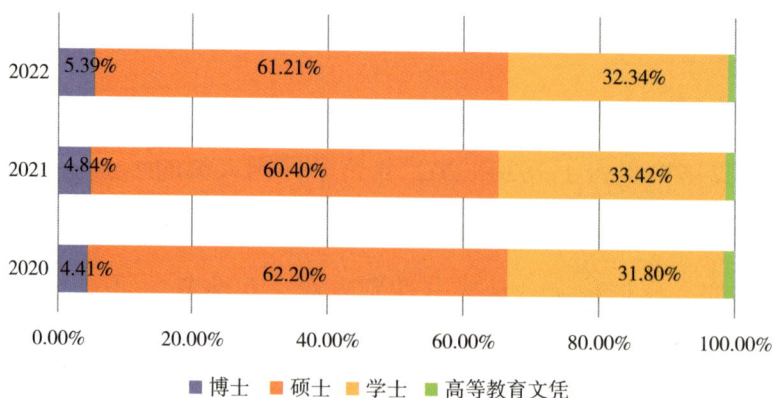

图2-11　2020—2022年留学回国人员获取学位变化情况

（4）主要留学国家或地区变化情况

表2-6中报告了2020—2022年留学回国人员主要留学国家或地区变化情况，可以发现主要的留学目的地是英国、美国和澳大利亚，来自这三个主要留学国家的占比在2020—2022年均超过了60%。占比排名第四和第五的主要留学国家或地区包括中国香港特别行政区和韩国、加拿大等。同时可以发现，虽然从美国留学回国的人员相比其他国家或地区仍很多，但其绝对占比在逐年下降，从2020年的21.43%降低到2022年的15.64%，下降约5%。

表2-6　2020—2022年留学回国人员主要留学国家或地区变化情况

年份	第一	占比（%）	第二	占比（%）	第三	占比（%）	第四	占比（%）	第五	占比（%）
2022	英国	24.68	美国	15.64	澳大利亚	14.22	中国香港	6.71	韩国	5.55
2021	英国	24.15	美国	19.6	澳大利亚	14.29	中国香港	6.11	加拿大	5
2020	英国	26.96	美国	21.43	澳大利亚	13.74	中国香港	7.09	韩国	4.37

（5）留学学科分布变化情况

表2-7中报告了2020—2022年留学回国人员学科分布变化情况，从Panel A中的结果可以发现，留学回国人员的学科分布较为稳定，学习理学、管理学和经济学的人数最多，且占比变化不大。Panel B的结果显示，在获得博士学位的留学回国人员中，学习工学、理学、管理学和医学的较多，2020年获得医学博士的留学回

国人员较多，2021年和2022年获得管理学博士学位的留学回国人员超过医学。

表2-7　2020—2022年留学回国人员学科分布变化情况

年份	第一	占比（%）	第二	占比（%）	第三	占比（%）
A全部样本						
2022	理学	22.25	管理学	21.19	经济学	16.97
2021	理学	22.71	管理学	21.30	经济学	17.42
2020	理学	22.54	管理学	22.21	经济学	17.96
B博士样本						
2022	工学	29.22	理学	19.79	管理学	8.94
2021	工学	33.09	理学	23.53	管理学	6.77
2020	工学	34.15	理学	24.14	医学	6.95

通过对2022年教育部留学服务中心回国留学人员认证数据库的分析得出以下主要结论：

第一，留学回国人员中女性占比高于男性。2022年女性留学回国人员占比达到55%。

第二，我国留学回国人员的主要留学目的地是欧洲和北美洲，主要留学国家是英国、美国和澳大利亚。从欧洲、北美洲留学回国的人员占比超过55%（为57.77%，同2021年相比降低了约4%），从英国、美国和澳大利亚回国的留学人员接近55%（为54.54%），相比2021年降低约4%，虽然从美国留学回国的人员相比其他国家仍很多，但其绝对占比在逐年下降，从2020年的21.43%降低到2022年的15.64%，下降约5%。

第三，在具有博士学位的留学人员中，从亚洲学校获得学位的人员占比进一步增加（达到46.1%，相比2021年增加8%）；从北美洲学校获得学位的人员占比进一步下降（2022年为20.2%，相比2021年降低6%）。在具有硕士学位的留学回国人员中，从欧洲获得硕士学位的人员相比2021年保持稳定，约45%；从北美洲得硕士学位的人员占比继续下降（2022年为14.8%，相比2021年降低约5%）。

第四，攻读硕士学位是留学回国人员的主要选择。有61.21%的留学回国人员在海外获得硕士学位（相比2021年上升约1%），32.34%的人员获得学士学位（相比2021年降低了约1%），获得博士学位的有5.39%（相比2021年增加约0.7%），但从时间趋势来看，获得博士学位的留学人员占比在2020—2022年间持续增加，从2020年的4.41%增加到2022年的5.39%。

第五，留学回国人员主要在海外学习理学、管理学、经济学和工学等相关专业。

三、留学回国人员就业状况分析

本章使用2022年教育部留学服务中心就业服务系统数据库，分析了2022年留学回国就业人员的基本特征、学历专业、学科背景和就业情况，并对主要变量的变化进行了时序分析，研究发现：第一，绝大多数的留学回国就业人员具有研究生学历（包括博士研究生和硕士研究生，占比超过90%），其中每6名回国就业的留学人员中就有1位具有博士学位。第二，留学回国就业人员的工作单位集中在国有企业、事业单位和民营企业。其中，博士研究生的主要工作单位为事业单位，硕士研究生和本科生则集中在国有企业。

本章分析使用数据主要来自2022年教育部留学服务中心的就业服务系统数据库，该数据库中记录了2022年在教育部留学服务中心登记就业的留学回国人员，共有13833个样本，同第二章相比，本章聚焦于2022年在教育部留学服务中心登记就业的留学回国人员的基本特征、学历专业、学科背景、就业情况等方面对我国留学回国就业人员的组成、特点和就业现状等进行分析。在基本特征方面，主要分析了留学回国人员的性别、年龄和出生地分布等情况；在学历专业方面，主要分析了留学回国就业人员的学历、学科和专业分布等；在留学经历方面，主要分析了留学回国人员的留学国家或地区以及留学院校；在就业状况方面，主要分析了留学回国就业人员的工作单位性质分布情况等。此外，本章还对一些重要变量的变化进行了时序分析。

（一）留学回国就业人员基本信息

1.不同性别留学回国就业人员的年龄分布

图3-1是不同性别留学回国就业人员的年龄分布。从不同性别留学回国就业人员的年龄分布来看，男性和女性年龄在24—28岁的比例最多，且留学回国就业人员男性的平均年龄大于女性，分别为27.98岁和26.94岁。从图中可以发现，留学回国就业人员中26岁及以下女性的比例高于男性，而27岁以上男性的比例高于女性。

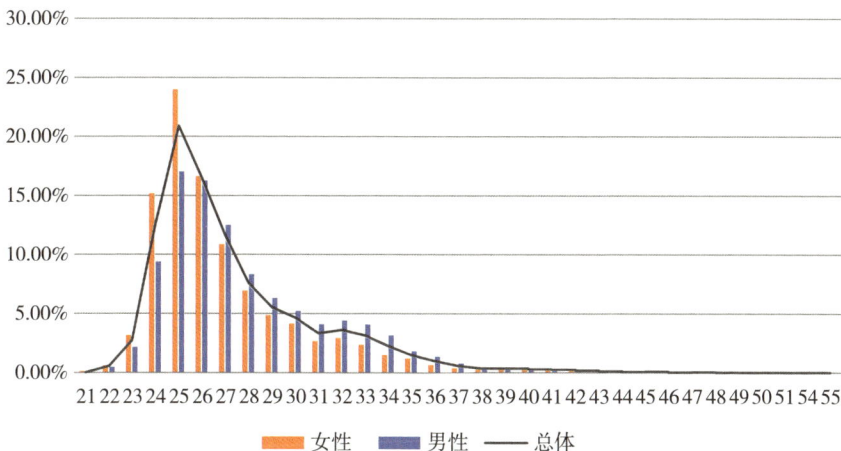

图3-1　不同性别留学回国就业人员的年龄分布

2.不同学历留学回国就业人员的年龄分布

图3-2是不同学历留学回国就业人员的年龄分布。具体来看，拥有本科和硕士研究生学历的留学回国就业人员的年龄分布相似，但硕士研究生的年龄分布相比本科的更为集中，博士研究生的年

龄分布则较分散，且更加右偏，表明博士研究生的年龄更大。其中，本科、硕士研究生和博士研究生留学回国就业人员的平均年龄分别为25.87岁、26.46岁和32.47岁。

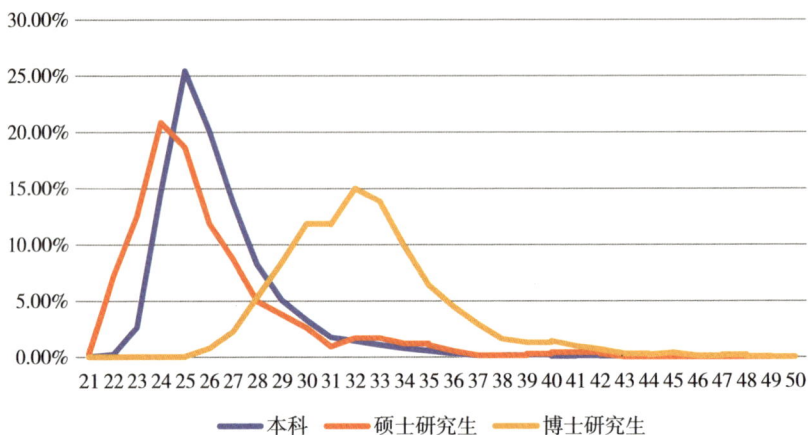

图3-2　不同学历留学回国就业人员的年龄分布

　　图3-3、图3-4和图3-5分别是具有博士、硕士和学士学位的留学回国就业人员分性别的年龄分布情况。具体来看，在具有博士学位的留学回国就业人员中，男性和女性的年龄分布相似，男性的分布相比女性更加右偏，男性年龄峰值在32岁左右，女性年龄峰值在30岁左右，平均年龄为男性32.72岁，女性32.1岁；在硕士学位人群中，27岁以下的女性占比高于男性，27岁以上的男性占比高于女性，男性、女性的平均年龄分别为26.73岁、26.27岁；在学士学位人群中，男性和女性的分布情况相似，25岁之前女性比例高于男性，大于25岁后男性和女性的比例基本相同，男性和女性的平均年龄分别为25.85岁、25.89岁。

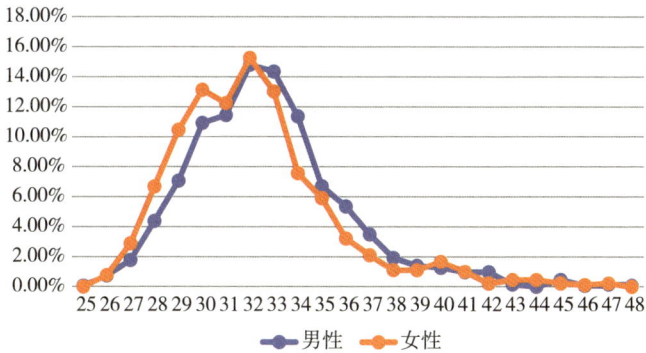

图3-3　具有博士学位的不同性别留学回国就业人员年龄分布

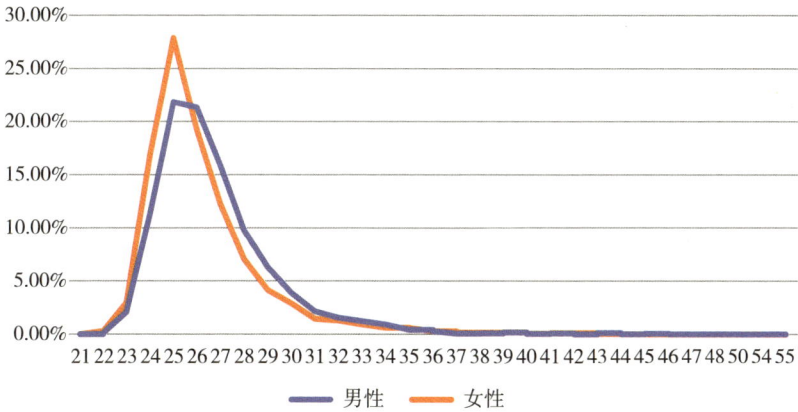

图3-4　具有硕士学位的不同性别留学回国就业人员年龄分布

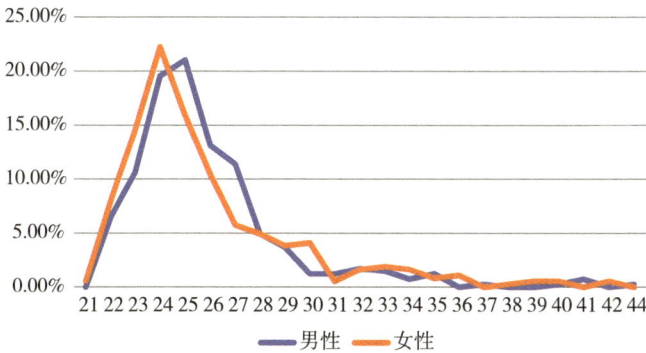

图3-5　具有学士学位的不同性别留学回国就业人员年龄分布

3.留学回国就业人员的出生地分布情况

图3-6是留学回国就业人员的出生地分布情况。可以看出，出生地为北京、山东和山西的留学回国就业人员占比最多（分别为13.55%、11.9%和10.04%），来自青海、海南和台湾地区的人数最少（占比分别为0.22%、0.12%和0.01%）。

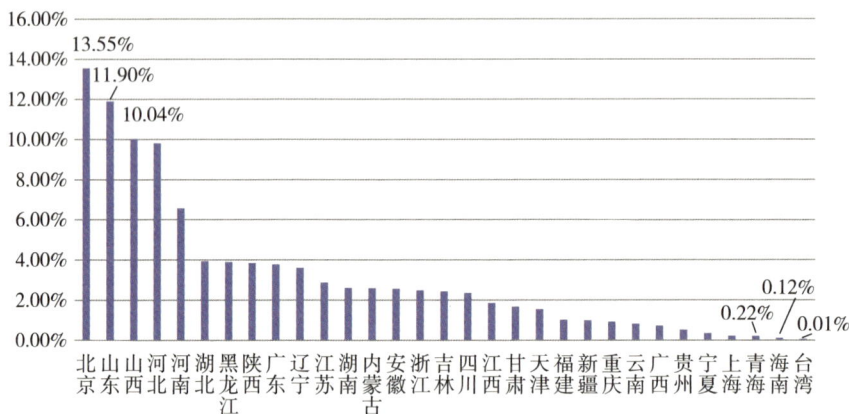

图3-6　留学回国就业人员的出生地分布情况

图3-7报告了出生于部分省份留学回国人员的性别分布情况。分性别来看，出生地在安徽的男性留学回国人员最多，占比达到52.81%。出生地在江苏、海南、重庆、江西、山东、河南、云南、湖北和福建的男性留学回国人员占比接近，均在48%左右；女性留学回国人员占比最多的省份是广西，占比为62.38%；其次是新疆和陕西，占比分别为61.87%和59.77%。

图3-8是不同学历留学回国就业人员的出生地分布情况。总体来看，人数占比最多的是北京市，具有学士、硕士和博士学位的留学回国就业人员分别有20.83%、15.09%和3.61%来自北京

男性比例

女性比例

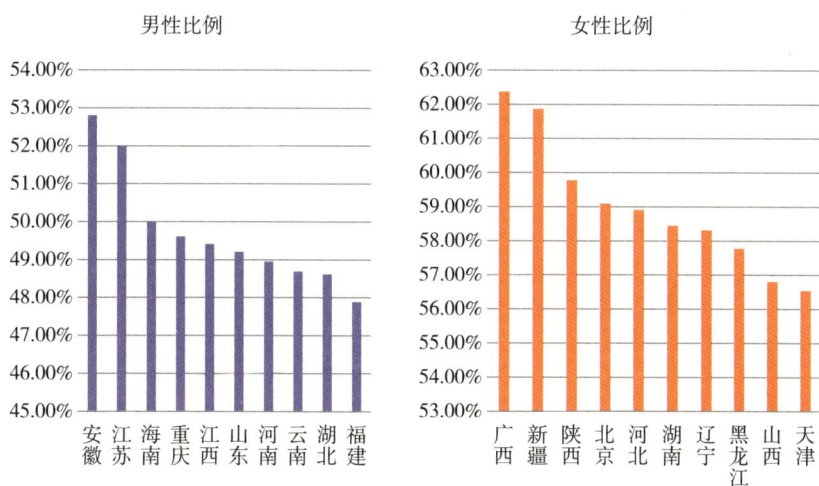

图3-7　不同出生地留学回国就业人员的性别分布

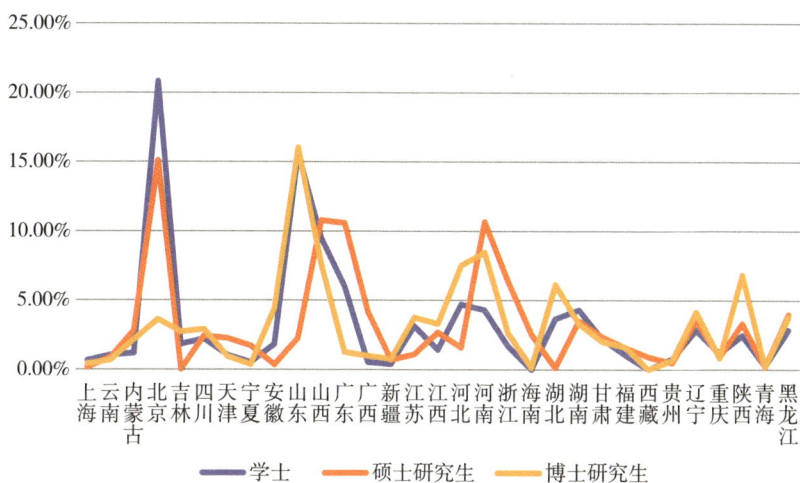

图3-8　不同学历留学回国就业人员的出生地比例

市；其次是山东省和山西省。具体来看，具有学士学位的留学回国就业人员比例最多的是北京市、山东省和山西省，占比分别是20.83%、15.63%和9.51%。在具有硕士学位的人群中，来自北京市、山西省和河南省的最多，占比分别为15.09%、10.78%、10.67%。在具有博士学位的人群中，来自山东省、河南省和山西省的占比分别是16.02%、8.43%和7.59%。

（二）留学回国就业人员的学位、学历、学科和专业情况

1.学位/学历情况

图3-9中报告了留学回国就业人员的学历构成情况，从图的结果可知，留学回国就业人员中大多数具有硕士学位（78.1%）；其次是博士学位（16.2%），占比最少的是学士学位（5.7%）。分性别的结果显示，男博士的数量超过女博士（分别为21.72%和11.73%）。相比2021年，具有博士学位的留学回国就业人员占比增加约0.5%，拥有硕士学位的留学回国就业人员占比下降约2%。同

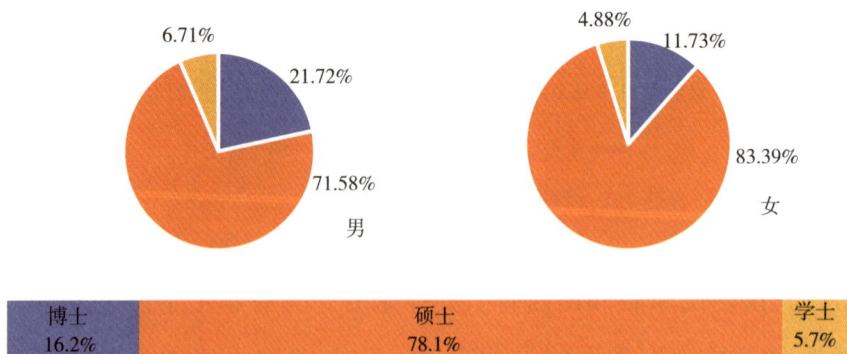

图3-9 不同性别留学回国就业人员的性别分布情况

时可以发现占绝大多数的留学回国就业人员具有研究生学历（包括博士研究生和硕士研究生，占比超过90%），每6名回国就业的留学人员中就有1位具有博士学位。

我们进一步分析具有不同学位组留学回国就业人员的留学目的地，表3-1中报告了不同学位组留学回国就业人员的留学国家或地区分布情况。可以发现，拥有博士学位的回国就业人员中，28.6%的在美国获得博士学位；其次是英国（9.2%）、韩国（8.98%）和日本（7.6%）。在硕士学位组中，主要获取学位的国家或地区是英国（38.09%）；其次是澳大利亚（17.8%）、美国（17.65%）和中国香港（5.92%）。学士学位回国就业人数较少，主要留学地为美国（17.39%）、韩国（15.76%）和加拿大（12.77%）。

表3-1　不同学位组留学回国就业人员留学国家或地区分布（占比前十的国或地区）

博士学位组		硕士学位组		学士学位组	
国家或地区	占比（%）	国家或地区	占比（%）	国家或地区	占比（%）
美国	28.6	英国	38.09	美国	17.39
英国	9.2	澳大利亚	17.8	韩国	15.76
韩国	8.98	美国	17.65	加拿大	12.77
日本	7.6	中国香港	5.92	澳大利亚	11.68
中国香港	6.93	德国	2.57	英国	11.28
德国	6.88	新加坡	2.27	日本	5.71
新加坡	4.07	日本	2.05	俄罗斯	3.94
澳大利亚	3.84	法国	1.92	泰国	3.53

博士学位组		硕士学位组		学士学位组	
国家或地区	占比（%）	国家或地区	占比（%）	国家或地区	占比（%）
加拿大	3.71	俄罗斯	1.73	新西兰	3.4
法国	3.04	韩国	1.7	中国澳门	2.85

2.学科分布情况

图3-10报告了留学回国就业人员的学科分布情况，可以发现，留学回国就业人员的学科方向涉及绝大多数学科类别，理学是留学回国就业人员人数最多的方向，占28.18%；其次是管理学（18.00%）、工学（17.49%）和经济学（15.97%）。

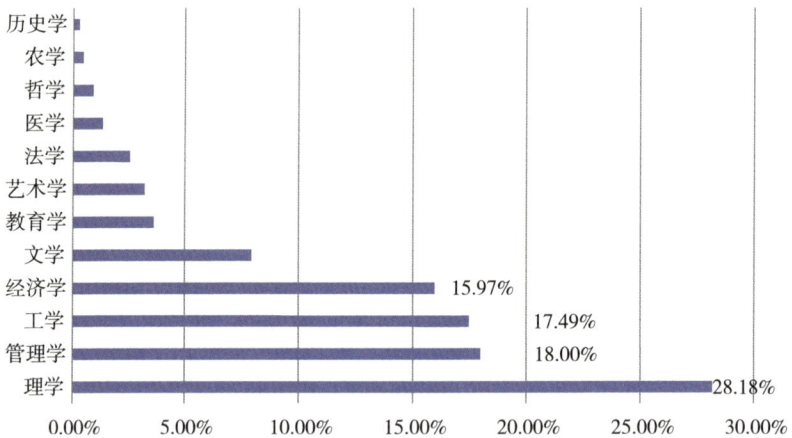

图3-10　留学回国就业人员的学科分布情况

图3-11报告了留学回国就业人员按照学位分组的学科分布情况，对比分析博士和硕士分组可以发现，在具有博士学位的回国

就业人员中，工学和理学的人数最多，分别占37.39%和24.54%，其次是医学（5.18%）和文学（5.13%）。具有硕士学位的留学回国就业人员学科分布最多的是理学和管理学，分别占30.02%和20.21%；其次是经济学（17.21%）和工学（13.95%）。

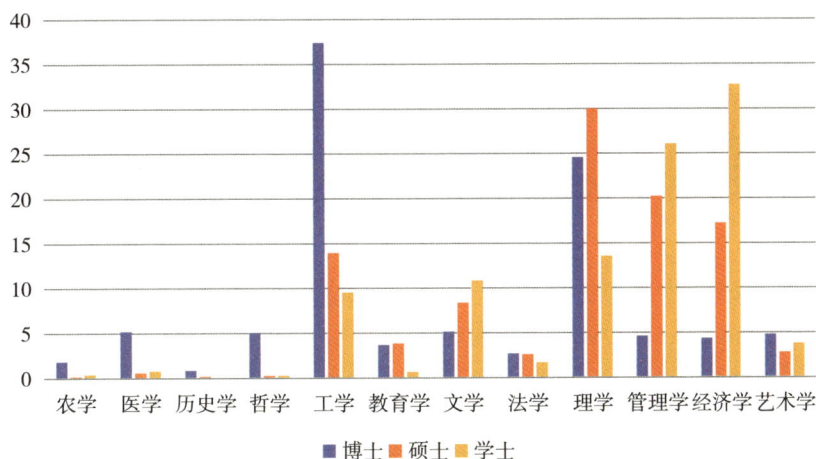

图3-11　留学回国就业人员按照学位分组的学科分布情况

继续分析不同学科的留学回国就业人员的国家或地区，从表3-2可以发现在大多数的学科中，英国都占有较高的毕业生比例，在理学（46.95%）、教育学（38.96%）、文学（36.05%）、历史学（33.33%）、管理学（32.11%）中具有优势；澳大利亚在经济学（31.1%）和工学（22.04%）中占比较高；美国医学（18.72%）毕业生中占比较高。相比2021年，从美国学习农学、法学、哲学和工学的占比有明显下降。

表3-2　留学回国人员按学科分组的国家或地区分布

艺术学		经济学		管理学	
国家/地区	比例（%）	国家/地区	比例（%）	国家/地区	比例（%）
英国	22.47	澳大利亚	31.1	英国	32.11
美国	19.55	英国	26.8	澳大利亚	20.68
韩国	16.18	美国	15.34	美国	14.16
澳大利亚	8.99	韩国	3.15	韩国	5.78
俄罗斯	7.42	新加坡	3.06	中国香港	3.7
意大利	7.42	加拿大	2.92	法国	3.42
日本	4.72	中国香港	2.83	中国澳门	2.73
中国澳门	2.47	德国	2.69	加拿大	2.4
德国	2.02	日本	2.19	泰国	2.36
理学		法学		文学	
国家/地区	比例（%）	国家或/地区	比例（%）	国家/地区	比例（%）
英国	46.95	英国	30.11	英国	36.05
美国	27.25	美国	20.45	中国香港	12.73
中国香港	6.91	澳大利亚	8.81	美国	9.83
德国	3.39	中国香港	8.52	澳大利亚	8.71
新加坡	3.11	中国澳门	7.67	韩国	5.06
澳大利亚	2.56	日本	4.83	俄罗斯	4.59
加拿大	1.84	韩国	3.13	日本	4.31
荷兰	1.11	俄罗斯	2.56	西班牙	3
法国	1.04	德国	2.27	德国	2.9

续表

教育学		工学		哲学	
国家/地区	比例（%）	国家/地区	比例（%）	国家/地区	比例（%）
英国	38.96	澳大利亚	22.04	中国香港	17.46
美国	11.45	美国	21.83	美国	17.46
澳大利亚	10.84	英国	14.58	英国	10.32
中国香港	9.24	日本	6.84	德国	8.73
韩国	7.43	中国香港	5.18	中国澳门	7.94
日本	3.61	加拿大	4.18	日本	7.94
俄罗斯	3.21	德国	4.14	澳大利亚	7.94
加拿大	2.81	新加坡	4.1	韩国	3.97
中国澳门	2.61	法国	3.36	法国	3.17
历史学		医学		农学	
国家/地区	比例（%）	国家/地区	比例（%）	国家/地区	比例（%）
英国	33.33	美国	18.72	日本	31.75
日本	15.38	德国	17.65	美国	22.22
西班牙	10.26	澳大利亚	13.9	比利时	7.94
美国	7.69	日本	11.23	荷兰	7.94
俄罗斯	5.13	英国	10.7	德国	6.35
意大利	5.13	中国香港	6.95	韩国	4.76
澳大利亚	5.13	韩国	5.88	加拿大	3.17
伊朗	2.56	瑞典	3.21	波兰	3.17
匈牙利	2.56	新加坡	2.14	澳大利亚	3.17

　　我们通过进一步分析具有博士学位的留学回国就业人员按学科的学习国家或地区分布（表3-3），可以看出，具有博士学位的高端人才中，主要就读于美国院校，美国毕业的人数占有绝对优势，在经济学、理学、法学、工学和哲学等学科中，从美国获得博士学位的人数较占比第二的国家人数多一倍。此外，从韩国毕业的艺术学、管理学和教育学博士占比较多，从日本毕业的文学、历史学和农学博士较多。

表3-3　留学回国人员按学科分组的学习国家或地区分布（具有博士学位人员）

艺术学		经济学		管理学	
国家/地区	比例（%）	国家/地区	比例（%）	国家/地区	比例（%）
韩国	46.73	美国	47.42	韩国	30.39
俄罗斯	18.69	英国	11.34	美国	17.65
美国	15.89	韩国	7.22	英国	10.78
德国	2.8	新加坡	5.15	菲律宾	7.84
日本	2.8	澳大利亚	5.15	中国香港	5.88
英国	2.8	中国香港	3.09	中国澳门	4.9
中国澳门	1.87	俄罗斯	3.09	泰国	3.92
乌克兰	1.87	加拿大	3.09	加拿大	2.94
理学		法学		文学	
国家/地区	比例（%）	国家/地区	比例（%）	国家/地区	比例（%）
美国	42.36	美国	30	日本	16.52
德国	10.91	韩国	10	韩国	16.52
英国	6.73	英国	8.33	西班牙	13.04
中国香港	4.18	中国香港	6.67	美国	11.3

续表

理学		法学		文学	
加拿大	3.82	加拿大	6.67	法国	7.83
国家/地区	比例（%）	国家/地区	比例（%）	国家/地区	比例（%）
新加坡	3.82	荷兰	6.67	英国	6.96
韩国	3.82	德国	5	俄罗斯	6.09
法国	3.45	日本	5	中国香港	4.35
教育学		工学		哲学	
国家/地区	比例（%）	国家/地区	比例（%）	国家/地区	比例（%）
韩国	35.37	美国	27	美国	19.64
美国	13.41	英国	12.9	中国香港	17.86
菲律宾	10.98	日本	9.44	英国	8.93
中国香港	7.32	中国香港	9.32	中国澳门	8.04
日本	7.32	新加坡	6.69	德国	8.04
英国	6.1	加拿大	5.5	澳大利亚	8.04
乌克兰	3.66	澳大利亚	4.9	日本	7.14
加拿大	2.44	德国	4.3	韩国	4.46
历史学		医学		农学	
国家/地区	比例（%）	国家/地区	比例（%）	国家/地区	比例（%）
日本	21.05	德国	28.45	日本	31.71
英国	15.79	美国	18.1	美国	31.71
意大利	10.53	日本	16.38	比利时	12.2
美国	10.53	中国香港	7.76	德国	7.32
伊朗	5.26	韩国	7.76	以色列	2.44
俄罗斯	5.26	瑞典	4.31	意大利	2.44
匈牙利	5.26	英国	4.31	新加坡	2.44
德国	5.26	澳大利亚	3.45	法国	2.44

（三）留学回国就业人员留学经历情况

1.主要留学国家或地区

留学回国就业人员的学习地点包括六个大洲、56个国家和地区，以及我国香港、澳门两个特别行政区。图3-12是留学回国就业人员留学地区分布情况。可以看出，有43.3%的留学回国就业人员在欧洲留学，占比最高；其次是北美洲，占比为21.73%；然后是亚洲，占比为18.3%；从非洲和南美洲留学回国的就业人员，占比分别是0.02%和0.01%。

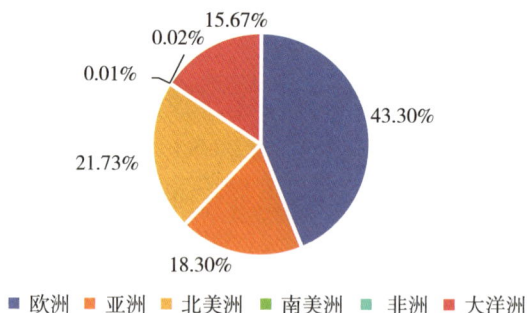

15.67%
0.02%
0.01%
21.73%
43.30%
18.30%

■欧洲 ■亚洲 ■北美洲 ■南美洲 ■非洲 ■大洋洲

图3-12　留学回国就业人员留学地区分布情况

我们进一步分析留学回国人员的学习国家或地区情况，图3-13的结果显示，英国、美国、澳大利亚、中国香港、韩国、德国、日本、新加坡、加拿大、法国、俄罗斯、中国澳门、西班牙、荷兰、马来西亚、意大利、新西兰、泰国、爱尔兰和瑞典等国家和地区是留学回国就业人员的主要学习目的地，来自上述国家或者地区的留学回国人员占总人数的97.69%。

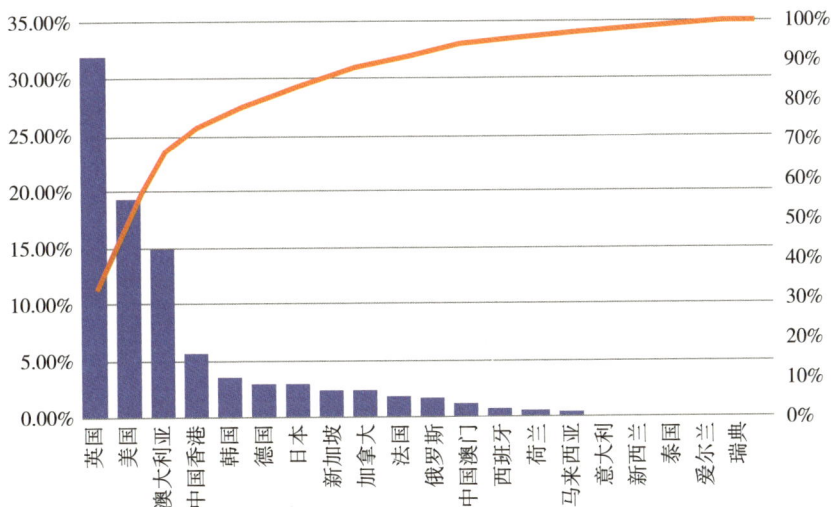

图3-13 留学回国就业人员留学国家或地区分布情况

英国是最热门的留学目的地，31.91%的留学回国就业人员到英国留学；其次是美国（19.4%）和澳大利亚（15.16%）。来自这三个国家的留学回国人员占总人数的66.47%（相比2021年上升约1%）。

以下是主要留学国家或地区留学回国就业人员的主要特征。

英国：从英国留学回国的留学人员占比最高，达到31.91%。毕业于英国的留学回国人员中，拥有博士学位的占4.71%（N=206）、硕士学位占93.28%（N=4079）、学士学位或其他占1.9%（N=83）。从留学回国人员所学的学科分布来看，学习理学的人员最多，为41.48%（N=1814）；其次为管理学（18.04%，N=789）、经济学（13.42%，N=587）和文学（8.8%，N=385）。

在英国留学的回国人员的就读院校有129所，就读人数超过总人数1%的院校包括曼彻斯特大学、谢菲尔德大学、格拉斯哥大学、伦敦大学学院、伯明翰大学、利兹大学、爱丁堡大学、南安普顿大学、伦敦国王学院、华威大学、布里斯托大学、卡迪夫大学、诺丁汉大学、约克大学、纽卡斯尔大学、杜伦大学、伦敦玛丽女王大学、帝国理工学院、埃克斯特大学、拉夫堡大学、利物浦大学、莱斯特大学、伦敦政治经济学院和阿伯丁大学等。

美国：毕业于美国的留学回国人员比例占总人数的19.4%，其中24.07%（N=640）的人员获得博士学位，71.08%（N=1890）的人员具有硕士学位，4.81%（N=128）的人员具有学士学位或者其他。从学科分布来看，留美回国人员的学科专业以理工科为主，超过50%的留美回国人员在美国学习理工科相关专业（理学39.6%、工学19.82%）；其次是管理学（13.09%）、经济学（12.64%）和文学（3.95%）。

留美回国人员的毕业院校分散在全美的348所高等院校中，占比超过总留美人数1%的院校有：哥伦比亚大学、波士顿大学、纽约大学、南加利福尼亚大学、东北大学、约翰斯·霍普金斯大学、圣路易斯华盛顿大学、伊利诺伊大学香槟分校、康奈尔大学、乔治华盛顿大学、密歇根大学、加利福尼亚大学圣地亚哥分校、罗格斯新泽西州立大学、西北大学、佛罗里达大学、宾夕法尼亚大学、俄亥俄州立大学、凯斯西储大学、宾夕法尼亚州立大学、马里兰大学帕克分校、德克萨斯农工大学和普渡大学。

澳大利亚：从澳大利亚院校毕业的回国留学人员占总人数的15.16%，其中具有博士学位的人数比例为4.14%（N=86）、硕士学位的人数比例为91.72%（N=1906）。从学科分布来看，从澳大利亚留学的回国人员主要学习学科为经济学（32.77%）、工学（25.6%）、管理学（24.45%）和文学（4.48%）。

毕业于澳大利亚的留学回国人员的就读院校集中在46所院校中，毕业人数占比超过1%的院校包括悉尼大学、新南威尔士大学、莫纳什大学、昆士兰大学、墨尔本大学、澳大利亚国立大学、悉尼科技大学、皇家墨尔本理工大学、麦考瑞大学、阿德莱德大学、西澳大利亚大学、迪肯大学和昆士兰科技大学。

2. 留学院校

总体来说，留学回国就业人员的毕业院校分布于1510所高等院校，表3-4中报告了留学回国人数比例较高的前50所院校，其中有22所英国大学、8所澳大利亚大学、8所美国大学、6所中国香港大学、2所中国澳门大学、2所新加坡大学、1所德国大学和1所加拿大大学。毕业人数最多的前10所院校分别是悉尼大学、新南威尔士大学、曼彻斯特大学、谢菲尔德大学、格拉斯哥大学、伦敦大学学院、莫纳什大学、昆士兰大学、伯明翰大学。

表3-4 留学回国就业人数比例较高的50所院校名单

排名	院校	国家或地区	人数	占比（%）
1	悉尼大学	澳大利亚	432	3.15
2	新南威尔士大学	澳大利亚	352	2.57
3	曼彻斯特大学	英国	325	2.37
4	谢菲尔德大学	英国	316	2.31
5	格拉斯哥大学	英国	296	2.16

排名	院校	国家或地区	人数	占比（%）
6	伦敦大学学院	英国	276	2.01
7	莫纳什大学	澳大利亚	264	1.93
8	昆士兰大学	澳大利亚	241	1.76
9	伯明翰大学	英国	233	1.7
10	墨尔本大学	澳大利亚	228	1.66
11	利兹大学	英国	205	1.5
12	爱丁堡大学	英国	184	1.34
13	哥伦比亚大学	美国	175	1.28
14	南安普顿大学	英国	169	1.23
15	伦敦国王学院	英国	166	1.21
16	香港城市大学	中国香港	165	1.2
17	南洋理工大学	新加坡	158	1.15
18	华威大学	英国	149	1.09
19	新加坡国立大学	新加坡	143	1.04
20	约克大学	美国	143	1.04
21	香港中文大学	中国香港	141	1.03
22	布里斯托大学	英国	138	1.01
23	香港大学	中国香港	139	1.01
24	卡迪夫大学	英国	128	0.93
25	诺丁汉大学	英国	128	0.93
26	香港理工大学	中国香港	123	0.9
27	波士顿大学	美国	122	0.89
28	东北大学	美国	118	0.86

续表2

排名	院校	国家或地区	人数	占比（%）
29	纽约大学	美国	113	0.82
30	澳大利亚国立大学	澳大利亚	109	0.8
31	南加利福尼亚大学	美国	108	0.79
32	纽卡斯尔大学	英国	106	0.77
33	澳门科技大学	中国澳门	102	0.74
34	杜伦大学	英国	93	0.68
35	约翰斯·霍普金斯大学	美国	86	0.63
36	香港科技大学	中国香港	86	0.63
37	伦敦玛丽女王大学	英国	82	0.6
38	帝国理工学院	英国	82	0.6
39	悉尼科技大学	澳大利亚	79	0.58
40	埃克斯特大学	英国	75	0.55
41	拉夫堡大学	英国	72	0.53
42	香港浸会大学	中国香港	70	0.51
43	利物浦大学	英国	66	0.48
44	莱斯特大学	英国	65	0.47
45	埃森经济与管理应用技术大学	德国	61	0.45
46	多伦多大学	加拿大	60	0.44
47	圣路易斯华盛顿大学	美国	59	0.43
48	澳门城市大学	中国澳门	59	0.43
49	皇家墨尔本理工大学	澳大利亚	59	0.43
50	伦敦政治经济学院	英国	57	0.42

（四）留学回国人员的就业情况

图3-14中报告了留学回国就业人员的工作单位性质分布情况，可以发现在国有企业（包括北京市属国企和非北京市属国企两类）工作的留学回国人员最多，占比达到50.37%（相比2021年增加了0.5%）；工作在事业单位（包括高等院校、科研院所和其他事业单位三类）的人数占比为32.42%（相比2021年增加了约1%）；工作在民营经济单位（包括民营企业、民办非企业两类）的留学回国人员占比为7.54%（相比2021年降低约1%）。其他占比较高的单位分别是外（合）资企业（2.9%）、会计师事务所（0.8%）和律师事务所（0.33%）。

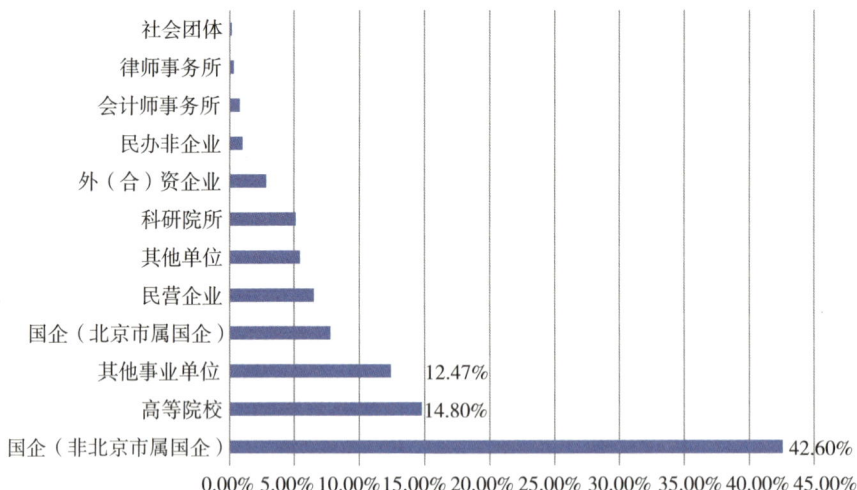

图3-14 留学回国就业人员的工作单位性质分布情况

从图3-15中分析不同学历水平的留学回国就业人员的分布情况可以发现，博士研究生的主要工作单位为事业单位，占比高达92.82%（相比2021年增加约1%），其中高等院校、科研院所和其他事业单位的占比分别是67.7%、16.66%和8.46%。此外，其他就业人数占比较高的单位是民营企业（1.49%）；硕士研究生的主要工作单位则集中在国有企业（58.62%，相比2021年增加约0.5%）、事业单位（21.94%）和民营企业（7.25%）。本科生的主要工作单位为国有企业（68.75%，相比2021年增加4%）、民营企业（9.38%，相比2021年降低6%）和事业单位（8.69%，相比2021年增加1%）。

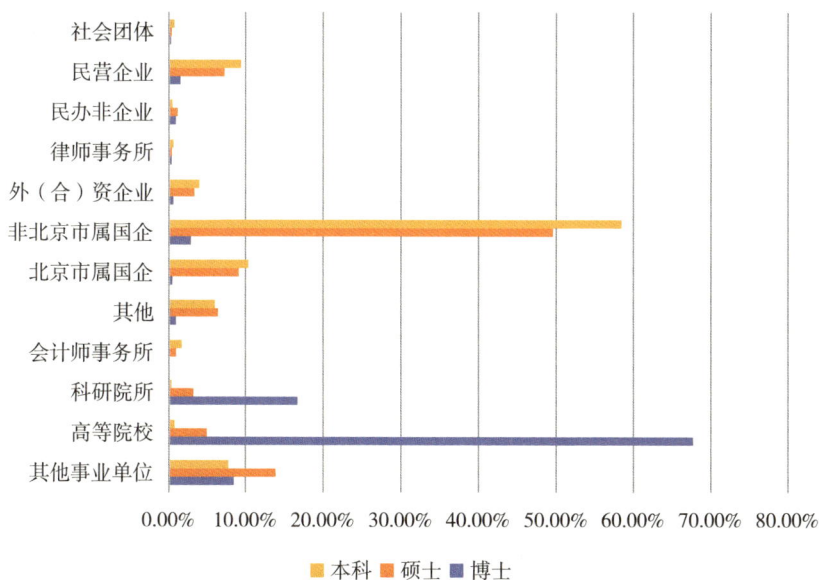

图3-15　分学历的留学回国就业人员的工作单位性质分布情况

（五）主要变量的时序分析

1. 认证人数和就业人数

2018—2022年在留学服务中心认证的就业人数情况见表3-5，

可以发现相比2021年，2022年通过留学服务中心就业报到的人数增加约2700人（占2021年的24.75%），但低于新冠疫情刚发生的2020年，同新冠疫情发生前的2019年接近。

表3-5　2018—2022年留服中心就业数据库人数

年份	就业数据库人数（人）
2018	12 974
2019	13 524
2020	14 374
2021	11 088
2022	13 833

2.主要变量的时序变化情况

（1）留学回国就业人员的性别比例变化

从表3-6的数据可以看出，2018年到2022年留学回国人员的性别占比变化不大，2022年女性占比约为55%，男性占比约为45%，女性留学人员占比高于男性留学人员。

表3-6　2018—2021年留学回国就业人员性别比例变化情况

年份	男性（%）	女性（%）
2018	41.85	58.15
2019	—	—
2020	41.48	58.52
2021	43.98	56.02
2022	44.74	55.26

（2）留学回国就业人员的年龄变化情况

图3-16中绘制了2018—2022年留学回国就业人员的年龄变化情况，可以发现，留学回国就业人员的平均年龄在逐年降低，从2018年的28岁降低到2022年的27.41岁。此外，男性留学回国就业人员的平均年龄高于女性留学回国就业人员。

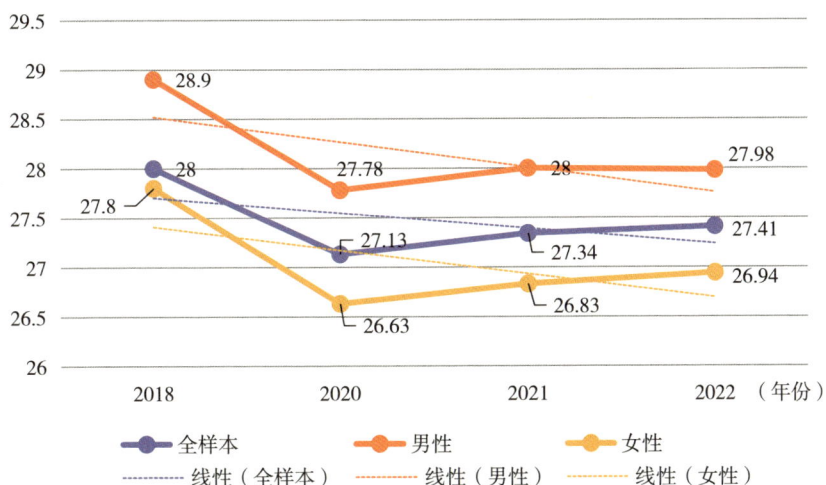

图3-16　2018—2022年留学回国就业人员的年龄变化情况

（3）留学回国就业人员的学位变化情况

图3-17中绘制了2018—2022年留学回国就业人员获取学位的变化情况，可以发现，拥有硕士学位的留学回国就业人员仍占留学回国就业人员的绝大部分（约80%）。此外，拥有博士学位的留学回国就业人员占比有所增加，从2018年的12.5%增加到2022年的16.2%。

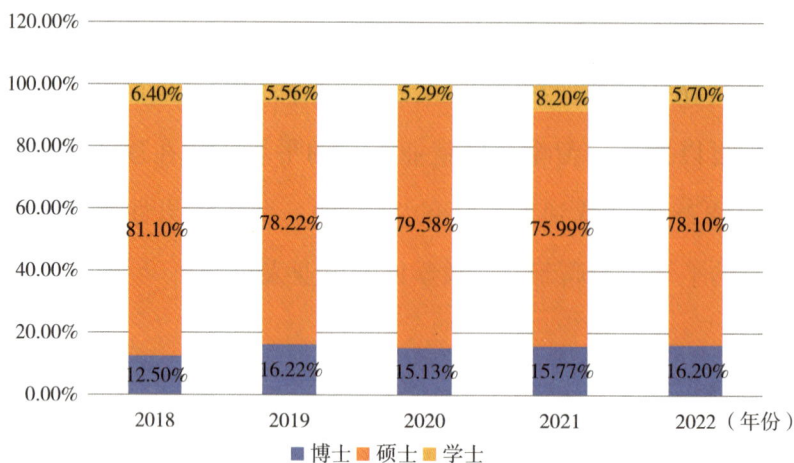

图3-17　2018—2022年留学回国就业人员获取学位的变化情况

（4）留学回国就业人员主要留学国家或地区变化情况

表3-7中报告了2018—2022年留学回国就业人员的主要留学国家或地区变化情况，可以发现主要的留学目的地是英国、美国和澳大利亚，来自这三个主要留学国家的占比在2018—2022年均超过了60%。占比排名第四和第五的主要留学国家或地区包括中国香港特别行政区和韩国、德国等。

表3-7　2018—2022年留学回国就业人员的主要留学国家或地区变化情况

年份	第一	占比（%）	第二	占比（%）	第三	占比（%）	第四	占比（%）	第五	占比（%）
2018	英国	34.10	美国	23.90	澳大利亚	8.3	中国香港	4.60	韩国	4
2019	英国	31.32	美国	24.77	澳大利亚	11.80	中国香港	5	德国	4
2020	英国	31.54	美国	23.09	澳大利亚	15.07	中国香港	6	韩国	3
2021	英国	30.77	美国	21.10	澳大利亚	13.89	中国香港	6	韩国	4
2022	英国	31.91	美国	19.40	澳大利亚	15.16	中国香港	5.82	韩国	3.64

通过对2022年教育部留学服务中心回国留学人员就业数据库的分析，得出以下主要结论：

第一，每6个回国就业的留学回国人员中就有1个具有博士学位，同时拥有博士学位的留学回国就业人员占比有所增加，从2018年的12.5%增加到2022年的16.2%。

第二，从美留学回国就业人员的学科分布有较大变化，相比2021年，从美国学习农学、法学、哲学和工学的占比有明显下降。

第三，留学回国就业人员的工作单位集中在国有企业、事业单位和民营企业，其中博士主要集中于高等院校和科研院所，硕士主要集中于事业单位和国有企业，本科生则主要集中于国有企业。

第四，留学回国就业人员的平均年龄逐年降低，从2018年的28岁降低到2022年的27.41岁。此外，男性留学回国就业人员的平均年龄高于女性留学回国就业人员。

四、留学回国人员就业状况调查报告

2021年9月，中央人才工作会议明确指出，要深入实施新时代人才强国战略，加快建设世界重要人才中心和创新高地。广大留学人员具有较高层次的人力资本，是应充分挖掘和有效利用的人才资源。科学有效地制定相关政策，我们应充分了解留学人员回国就业的现状和问题，本部分通过对留学人员回国的就业状况进行调查分析，为更好地吸引留学人员回国发展，充分发挥留学人员的人力资源优势提供一定的依据。针对答卷数据的分析，得出如下主要结论。

（一）总体情况

留学人员的海外学习特征。留学人员在海外学习的平均时长为3.05年。国内不少个体倾向于本科教育阶段结束后，赴海外攻读硕士学位。多数个体出国前的最高学历就读学校层次较高，为省属一流学科建设高校或一流大学。在选择留学地点时，他们主要考虑因素包括留学对找工作的影响及当地的教育和经济水平，而就读院校QS排名大体靠前。从其留学期间的费用支出来看，大部分处于在10万—50万元之间，留学支出也多由个体自行承担。虽然近年来留学费用大体降低，但对于农村家庭仍是较大的投资支出。数据也显示，农业户口在留学回国人员中占比较少。

留学人员回国就业状况。 第一，留学人员选择回国发展主要考虑以下三点：国内良好的经济发展形势、专业在国内较优的发展前景及适宜创新创业环境。这些个体国内工作经历大多在3年之内。而从留学回国人员当前的工作状态来看，除去有部分个体因缺乏实习经验，招聘信息受限或实践能力不足等因素未参与就业外，多数处于在业状态。第二，留学回国人员主要依靠专业化的网络信息渠道和招聘会等方式进行工作搜寻，其次是依靠学校校招或选调。超过七成的个体在3个月内便可找到工作。第三，留学回国人员的工作地点主要分布在一线城市、长三角、珠三角及河北等地。具体而言，大多数人员前往北京、上海、天津、广东、江苏、浙江、河北以及江浙地区就业，而其所处的行业主要分布在金融、信息传输、软件和信息技术服务业等高薪热门行业。除此之外，留学回国人员多选择在中小型企业工作，主要就业单位类型除高校或科研机构外，还包含国有企业、三资企业等。其在单位中多担任管理层职务，年薪水平分布在25万元左右，平均工作时长也相对较长。第四，大多数个体对当前工作较为满意。第五，从留学回国人员的创业比例来看，其对国内创业环境相对满意，可通过完善创业服务、降低人力成本和帮助成果转化等方面对现有体系进行完善。

留学人员回国就业预期。第一，从留学回国人员的预期与现实工作地点分布来看，预期与现实基本一致，北上广深等一线或大型城市仍然在个体就业地点中名列前茅。第二，从留学回国人员预期进入行业与实际工作行业分布来看，二者基本一致，金融、信息技术和教育等发展较为繁荣、经济回报较高的行业依然是个体主要选择的去处。第三，除高校和科研机构外，政府部门、党政机关、国有企业、事业单位仍是广受欢迎的就业单位。第四，大部分留学回国人员期望在中高管理层中取得一席之地，但也有相当一部分个体只希望在基层担任管理者或普通员工，表明实现职位上的攀升是个体工作中普遍追求的目标。第五，从期望薪资的分布来看，大多个体的期望薪资较为合理、容易实现，符合理性预期。第六，相比于其他因素，留学回国人员择业时更青睐高薪资、高福利待遇与长远的职业发展空间。

国际人才流动限制对留学回国人员的影响。虽然部分中国留学生遭到海外签证的限制以及海外组织人才输出的限制，但他们觉得这不足以对出国深造以及人才回国产生较大影响。

（二）调查样本的描述

课题组设计的留学人员回国就业状况调查问卷主要包括六部分内容：第一部分是受访者的基本特征；第二部分是留学人员的海外学习状况；第三部分是留学人员回国就业意愿；第四部分调查了留学人员回国就业的现状；第五部分调查了后疫情时代留学人员的回国意愿；第六部分调查了国际人才流动限制对留学人员的影响。2023年9月，我们利用问卷星平台，以链接和二维码的形式发放并回收问卷，保留填写时长在3分钟以上的答卷，并筛选出已学成归国、年龄处于18—55岁且在海外学习时间、回国时间及工作时间的填写上逻辑自恰的样本，共5542个。这些个体的平均年龄为26.72岁；男性约占78.49%，女性约占21.51%；约33.44%有配偶。

表4-1　调查样本与总体样本分布特征比较

变量	类别	调查数据	认证数据	就业数据
性别	男性占比（%）	78.49	43.84	44.74
	女性占比（%）	21.51	56.16	55.26
年龄	平均年龄（岁）	26.72	27.99	28.41
婚姻状况	有配偶占比（%）	33.44	—	14.70

（三）留学回国人员海外学习特征

本节主要针对留学回国人员的海外学习特征进行分析，包括出国前的最高学历状况、海外学历时长与学习形式、就读学校层次与所获最高学位，以及留学的费用和支出来源等内容。

1. 出国前最高学历状况

图4-1显示，留学回国人员中，有43.22%的个体选择在本科阶段的教育完成后出国，通常他们期望通过在海外继续修读硕士学位的方式丰富自身的教育背景，以便为之后的工作或学习中培养独特的竞争优势。此外，多于20%的留学回国人员是在成为硕士研究生之后赴海外学习的，7.76%的个体在高中教育阶段结束之后就选择了出国接受高等教育，可能是为了更好地适应当地社会

文化，进而加深对所学知识的理解。

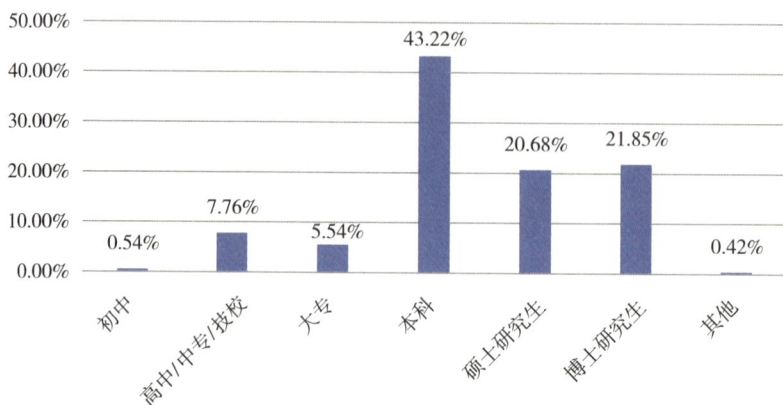

图4-1　留学回国人员出国前的最高学历分布

图4-2显示，留学回国人员出国前的最高学历所在学校层级较为综合，既有一流大学、省属或部属一流学科建设高校，也有普通省属院校。对于那些就读于普通省属学校的学生而言，为了提升学历背景和留学背景，他们可能有更强的内驱力，希望通过出国留学的方式弥补已有学历背景的差距；对于那些就读于一流大学和一流学科建设高校的学生而言，他们的学习能力和学习平台相对较好，更有希望满足赴海外高校留学的条件，进而更易前往。

2.留学地点选择

图4-3显示，从留学地点的分布来看，美国、英国和澳大利亚位居留学回国人员选择的榜首，共占比约72.03%；其次是加拿大，占5.90%；随后是亚洲地区的中国香港特别行政区、日本、韩国和新加坡等地。

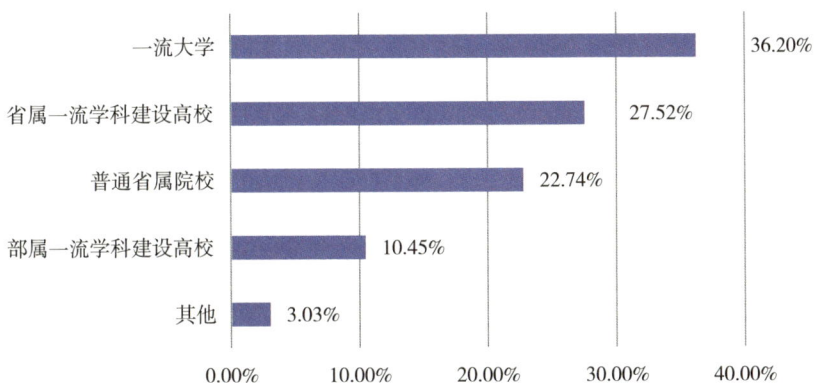

图4-2　留学回国人员出国前最高学历就读学校层次分布

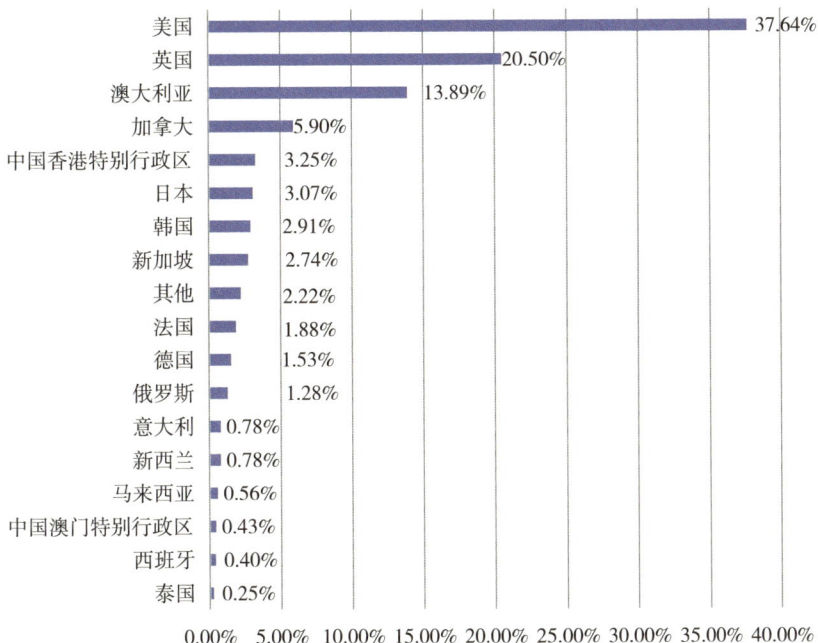

图4-3　留学回国人员留学地点分布

　　就选择留学地点的具体原因而言，图4-4显示，半数左右的留学回国人员主要考虑留学地点当地学位对今后工作的作用、当地的教育水平及经济发展水平；其次考虑的是当地语言文化、社会关系等。由此可见，教育和发展前景仍是个体选择留学的首要追求目标，在满足主要目标的同时也会兼顾语言、文化等因素。

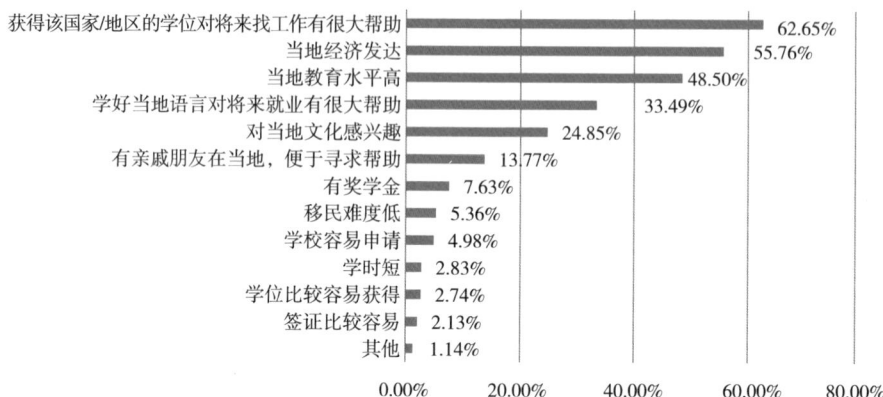

图4-4　留学回国人员选择留学地点的原因

3.海外学习时长与学习形式

整体来看，留学回国人员的平均留学时长为3.05年，图4-5显示，约半数留学回国人员的留学时长在1—3年左右。留学回国人员大多在本科阶段之后赴海外学习，在海外取得硕士学位，以及留学回国人员平均年龄这三个特征也能解释这一现象出现的原因。随着留学时间增长，相应时段的留学回国人员占比也呈现下降趋势。留学时长在1年以下的个体很少，可能由于在短时间内取得学历学位较为困难，其获得的教育质量和水平难以得到保证。而留学时长在5年以上的个体也较少，可能出于两方面因素：一方面是留学成本较高，筛选出较少家庭或个体能够长时间投资于留学教育；另一方面是留学时间较长，个体对于国外的生活工作环境更为熟悉和适应，更有可能选择定居国外而非回国发展。另外，从大多数个体在本科阶段之后赴海外留学的特征推测，留学人员完成最高学历学习的时限一般也不会过长。而留学时间较短，就读院校QS排名较低的个体相对更难适应外国的学习和生活，因而更有可能选择回国发展。

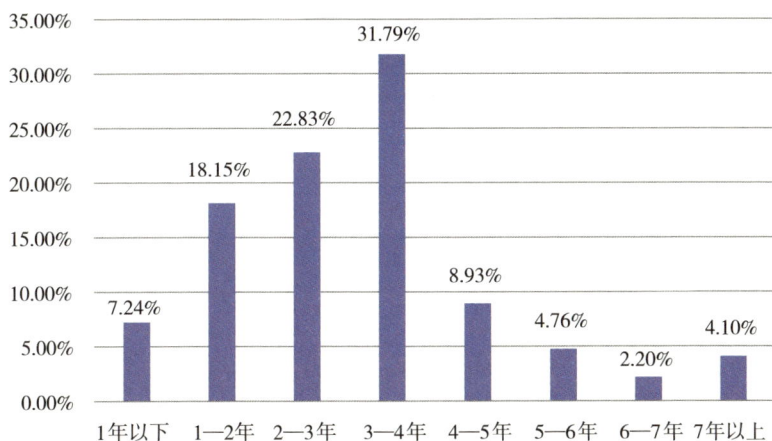

图4-5 留学回国人员海外学习时长分布

随着新冠疫情的结束，线下学习重归正轨，线上课程也成为学习方式的重要补充。具体而言，图4-6显示，约35%的个体以国外线下方式进行留学期间的学习；其次是国外线下与国内线上相结合的形式约占29%。除20.84%的个体采取国内线上上课形式外，也有14.87%的个体在国外线上远程上课。

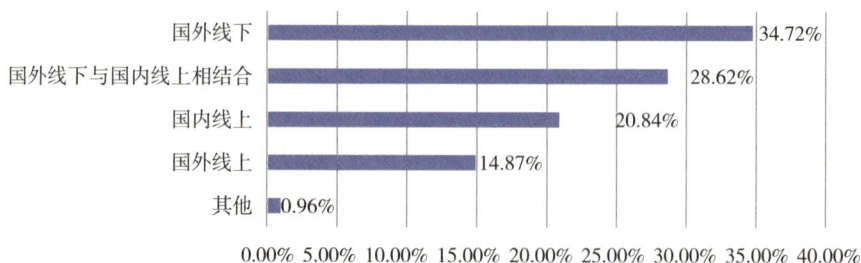

图 4-6　留学回国人员海外学习形式分布

4.就读学校与所获学位

从留学回国人员选择的海外留学高校层次来看，图 4-7 显示，其 QS 排名都比较靠前，而随着排名的落后，留学人员选择此类学校的概率也随之下降。就读学校层次越高，留学所能带来的收益也就越多。就读于层次较低的院校则难以保证享用的知识资源质量和毕业所得文凭的社会认可度，难以发挥教育的"羊皮纸"效应而获得心仪的工作。在留学成本相对较高的情况下，个体将以就读于更高等级的学校作为更高的追求。

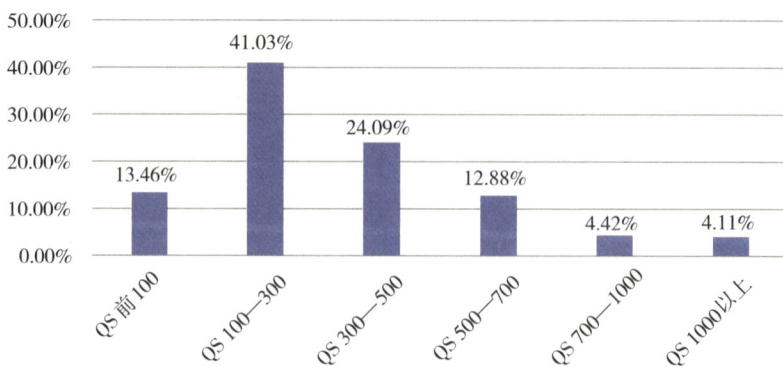

图 4-7　留学回国人员留学院校层次分布

就留学人员在海外所获的最高学位而言，图4-8显示，超过四成的个体在海外攻读并取得硕士学位；其次是博士学位，占36.14%，然后是学士学位占15.83%。由此可见，对于追求海外教育经历的个体，硕博研究生学位是其主要目标，特别是硕士学位。

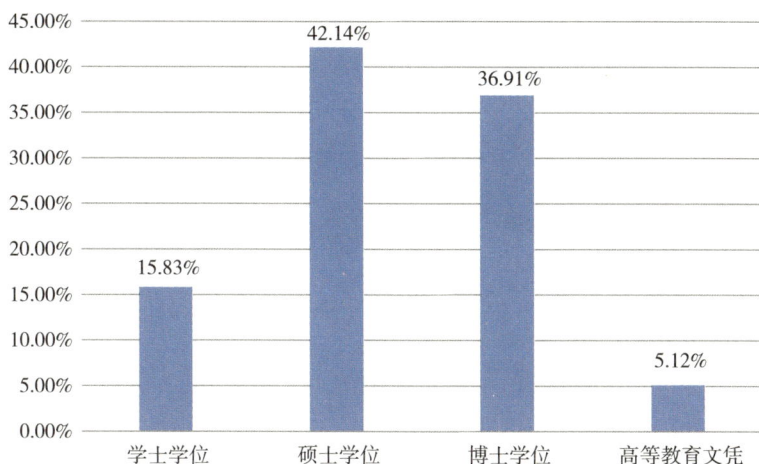

图4-8 留学回国人员所获海外最高学位分布情况

备注：少数留学学位设置无法与国内学位设置准确对应，因此统一列示为"高等教育文凭"。

5. 费用支出

图4-9显示，留学回国人员在留学期间的费用支出分布在10万—30万元的占比为32.33%，分布在30万—50万元的占比为18.39%，约有26%的个体留学费用为50万—100万元。过高的费用将超出一般家庭所能承担的教育投资额度，过低的费用支出也难以保证在海外学习的基本需求。

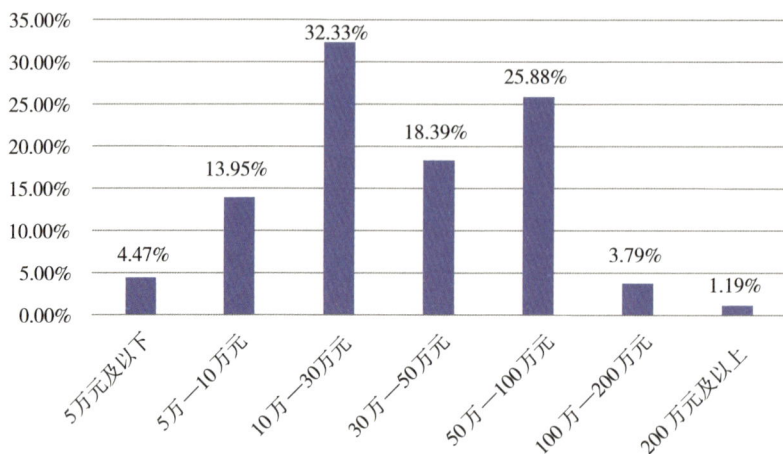

图4-9 留学回国人员留学费用情况

图4-10显示，留学回国人员中有70.57%的个体自费承担留学支出，不少个体也获得了奖学金的支持。自费仍是海外学习期间最主要的资金来源，对于留学个体或家庭而言是一笔较大的投资支出。尤其是农村家庭，更难以负担得起留学支出。

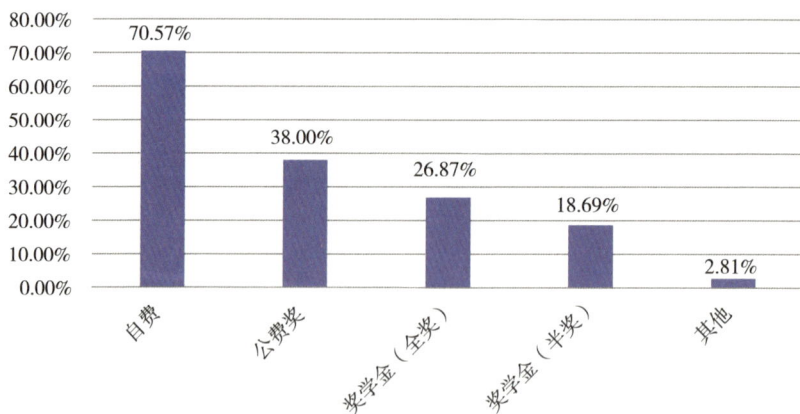

图4-10 留学回国人员留学资金来源

　　图4-11的调查结果也显示，在留学回国人员中，户口类型不是农业户口的个体占比超过70%。这表明在高层次人力资本投资尤其是留学教育投资中，城乡之间存在着比较大的差异。教育资源在城乡之间的分配也存在着较为严重的不平衡性，农村的教育资源往往更为缺乏，基础教育质量的差异会影响学生获得高等教育机会的能力。另外，农村居民的收入水平也相对较低，教育投资尤其是高等教育投资对农村居民而言，成本较高且投资回报期太长。因此，农业户口个体出国留学的可能性较低。

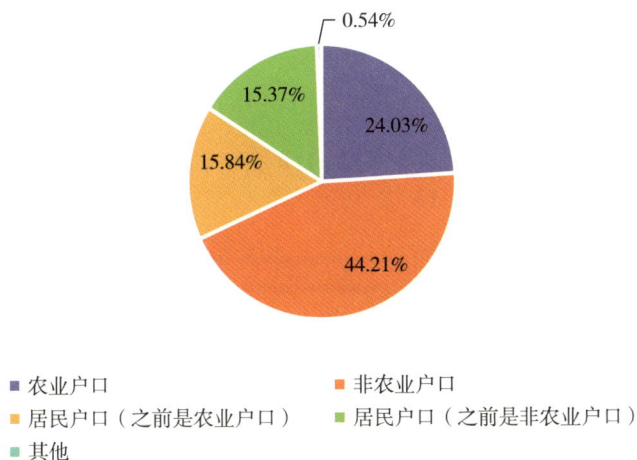

图4-11　留学回国人员户口类型

（四）留学人员回国就业特征

　　本部分通过对留学回国人员的回国原因、工作经历、当前工作状态、工作的搜寻转换、户籍迁移及其他就业特征进行分析，还包括创业情况、自我评价和就业预期等内容。

1. 回国原因

图4-12的调查结果显示，国内人才政策具有吸引力是留学人员选择回国的最主要原因，超过一半的个体选择了这项回国因素。国内近年来出台了许多引进人才的优惠政策，为留学回国人员提供了有竞争力的待遇；其次，良好的经济运行态势也是留学人员选择回国的重要因素，有超过40%的个体选择了这项回国因素，国内经济运行恢复态势良好有利于留学人员回国发展；再次是亲朋好友在国内，亲情是留学人员最难以割舍的因素；最后是所学专业在国内发展前景较好等因素。另外，个体的家国情怀和爱国精神、国内良好的创新创业环境也驱动着留学人员回国。

图4-12　留学回国人员选择回国的原因

2.工作经历

在调查留学回国人员的样本中，图4-13显示，有16.44%的个体还未在国内工作过，有国内工作经历的个体通常工作时间也较短，大多分布在3年以下。这与留学回国人员的学历背景及年龄分布结果相一致，大多个体处于取得硕士学位不久的年龄阶段，因此具有较短的工作年限。

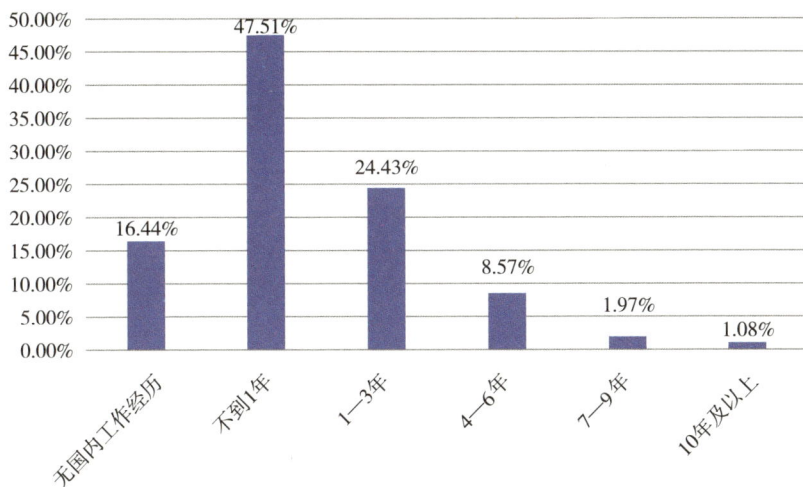

图4-13 留学回国人员的国内工作经历

3.当前工作状态

从留学回国人员当前的工作状态来看，图4-14显示，75.51%的个体处于在业状态；16.44%的个体退出劳动力市场；8.05%的个体处于失业状态。

从失业或退出劳动力市场的原因来看，图4-15显示，46.57%的个体当前没有工作，是因为缺乏实践经验而难以找到工作。留

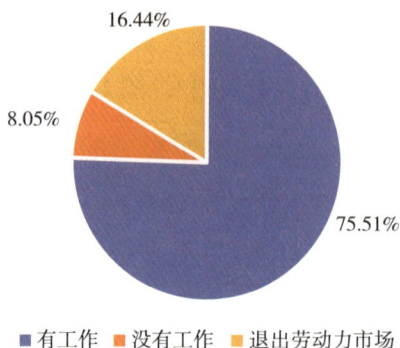

图4-14　留学回国人员当前工作状况

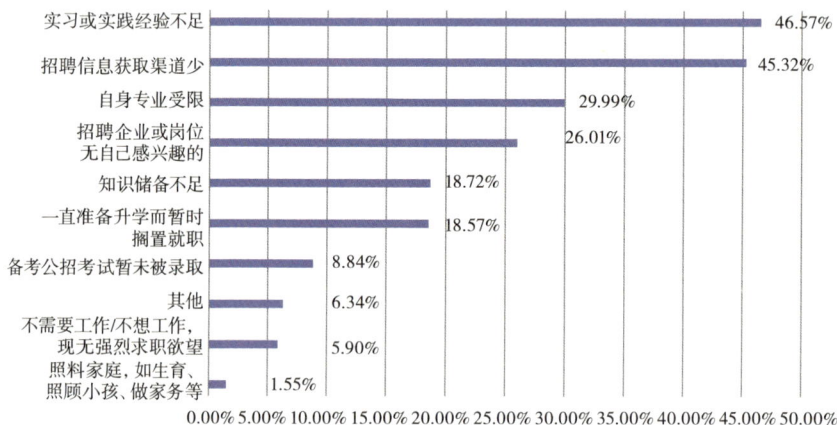

图4-15　留学回国人员未就业的原因

学人员在海外学习时期相对较短，语言文化差异及身份等限制，使其获得实习机会的可能性较小，或者缺乏与国内企业相适应的实习经验；其次是招聘信息渠道的限制，留学人员身处海外，对国内招聘信息的获取面临时滞和不通畅的问题。另外，留学人员自身专业受限、招聘企业或岗位无自己感兴趣的以及自身知识储备不足等也是留学人员未就业的重要原因。除此之外，留学人员再升学或参加公考等备考过程也是造成个体未就业的主要因素，长期的备考挤占了实习和搜寻工作的时间，同时也可能错过招聘季而影响求职。

下面将以留学回国人员当前的工作或最近一份工作为基础，对个体工作搜寻、转换、工作地点、户籍迁移、创业情况及其他主要工作特征进行分析，因此，考虑的是4631个具有国内工作经历的留学回国人员子样本。

4. 工作搜寻与工作转换

（1）搜寻时长

从留学回国人员的工作搜寻时长分布来看，图4-16显示，有国内工作经历的个体中约25%找到当前或最近一份工作所用的时间不到1个月，33.12%的个体搜寻时长在1—3个月。即超55%的留学回国人员可以在3个月内找到工作，表明留学回国人员较容易在国内寻找到工作。一方面，留学回国人员往往具有较高的人力资本，同时具备语言优势，以及对海外市场环境的了解，在劳动力市场中处于相对优势的地位。另外，从留学回国人员的基本特征及海外学习特征可以看出，较多个体在自身能力、家庭背景及校友资源等方面相对更强，也就更可能获得较多的信息来源，具有更强的搜寻能力。

（2）搜寻途径

图4-17显示，留学回国人员进行工作搜寻的最主要途径是专业化的招聘求职网站；其次是人才交流会或招聘会；再次是学校渠道、

直接向用人单位申请以及国家分配/组织调动，然后是高校双选会和社会网络。可以看出，工作搜寻主要依靠专业化的网络信息进行。

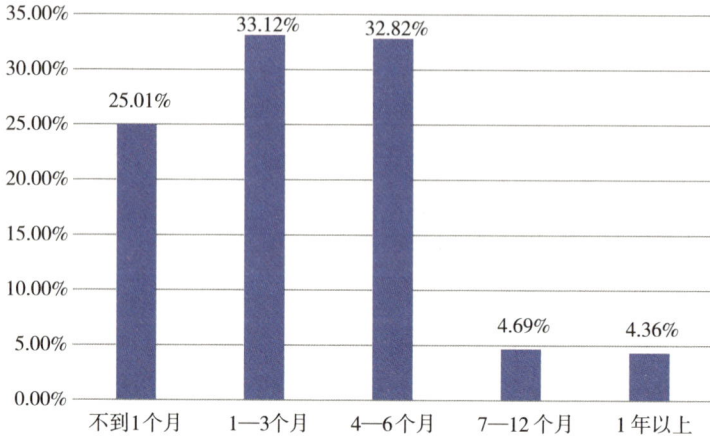

图4-16　留学回国人员工作搜寻时长分布

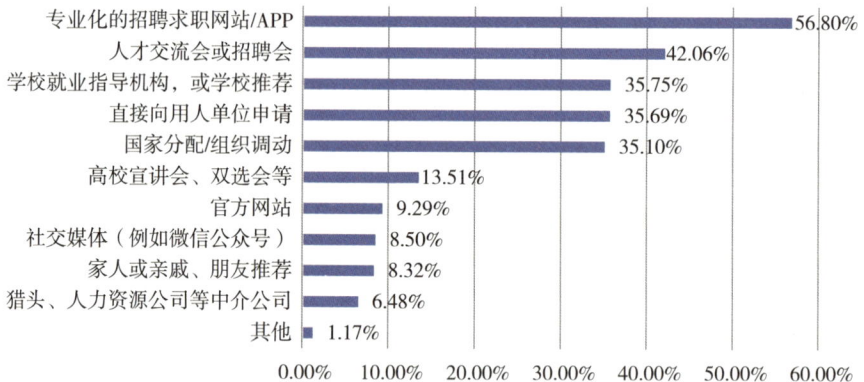

图4-17　留学回国人员工作搜寻途径

5.主要工作特征

（1）工作地点

图4-18显示，留学回国人员当前或最近一份工作的地点多分

布在北京、上海、天津、广东、河北以及江浙地区。大多个体会选择经济发展水平较高的地区，追求更多的就业机会和更高的薪资水平，还可充分利用就业的经验和人脉资源。相对于初次工作地点，主要工作地点的分布略微有从北上广向其他新一线或二线地区转移的趋势，可能存在少部分个体在较大的生活压力和工作节奏下选择了转移到家乡或二线城市等。就业地点分布存在高度发展城市人数远远大于经济相对不发展地区人数的特征。

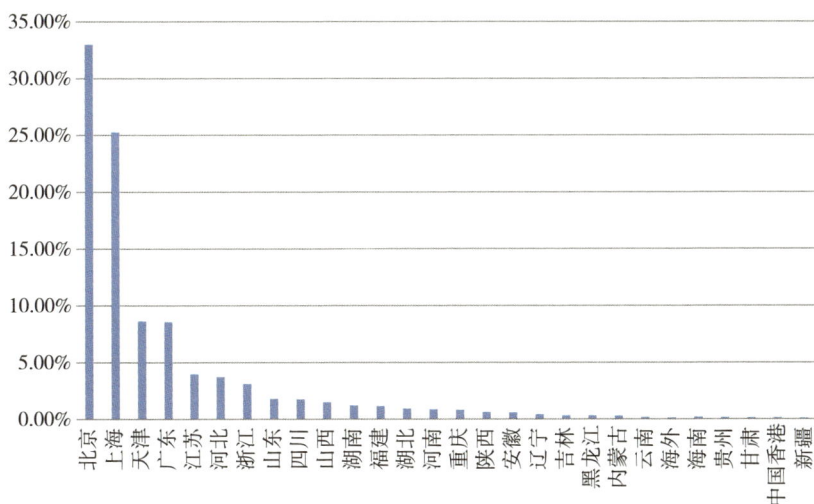

图4-18 留学人员回国就业地点分布

（2）行业分布

图4-19显示，在留学回国人员主要工作所在的行业中，分布最多的两个是信息传输、软件和信息技术服务业及金融业。随着新一轮科技革命的兴起，数字技术快速发展，数字经济时代加速到来，人工智能和大数据等繁荣发展需要相关行业的人才，这些

领域也能带来优厚的薪酬，成为劳动力市场中的热门行业，吸引着留学人员的大量涌入。

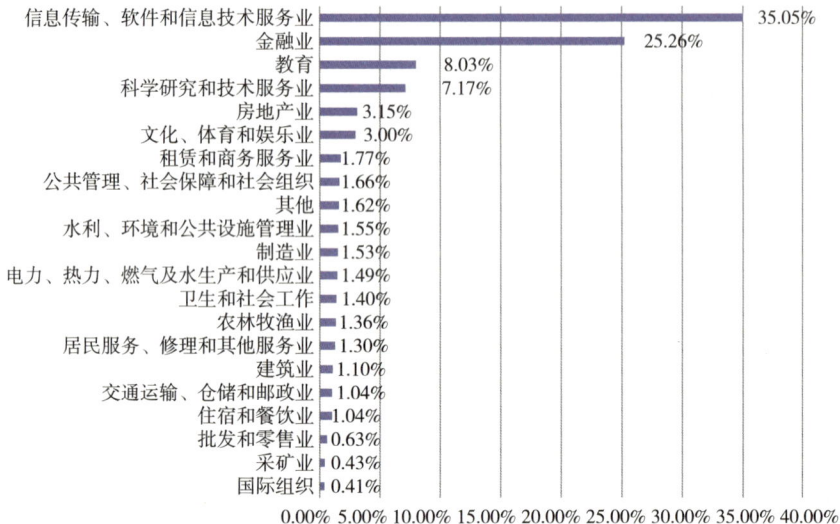

信息传输、软件和信息技术服务业　　35.05%
金融业　　25.26%
教育　　8.03%
科学研究和技术服务业　　7.17%
房地产业　　3.15%
文化、体育和娱乐业　　3.00%
租赁和商务服务业　　1.77%
公共管理、社会保障和社会组织　　1.66%
其他　　1.62%
水利、环境和公共设施管理业　　1.55%
制造业　　1.53%
电力、热力、燃气及水生产和供应业　　1.49%
卫生和社会工作　　1.40%
农林牧渔业　　1.36%
居民服务、修理和其他服务业　　1.30%
建筑业　　1.10%
交通运输、仓储和邮政业　　1.04%
住宿和餐饮业　　1.04%
批发和零售业　　0.63%
采矿业　　0.43%
国际组织　　0.41%

0.00% 5.00% 10.00% 15.00% 20.00% 25.00% 30.00% 35.00% 40.00%

图4-19　留学回国人员主要工作所在行业分布

（3）单位规模

图4-20显示，留学回国人员中约26.30%的个体所在单位拥有的从业人员数量为300—999人，在100—199人的占19.13%，大部分留学回国人员未选择在大型企业就业。结合留学回国人员行业分析可知，留学人员多分布在信息传输、软件和信息技术服务行业，这些领域的企业多为创新创业型，具有小而精的特征。

（4）单位类型

从所在单位的类型来看，图4-21显示，分布最多的是高校或科研机构，占30.36%；其次是国有企业、三资企业和事业单位，然后是民营企业等。高校和科研机构作为知识密集度高的地方，

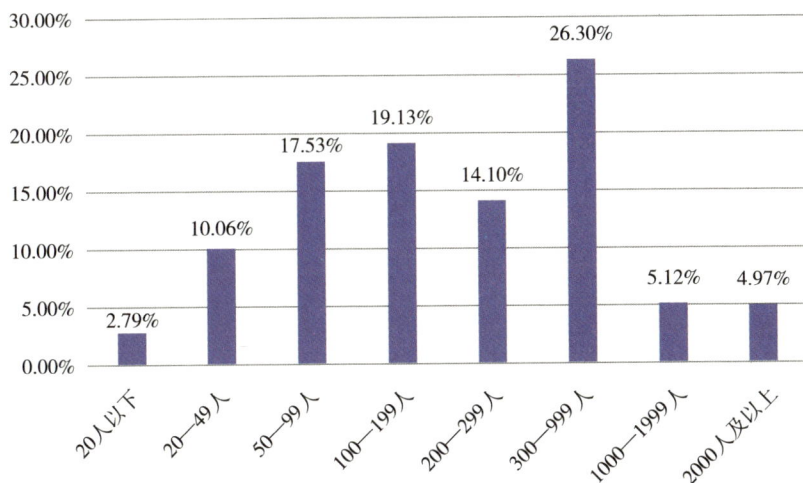

图4-20　留学回国人员所在单位规模状况

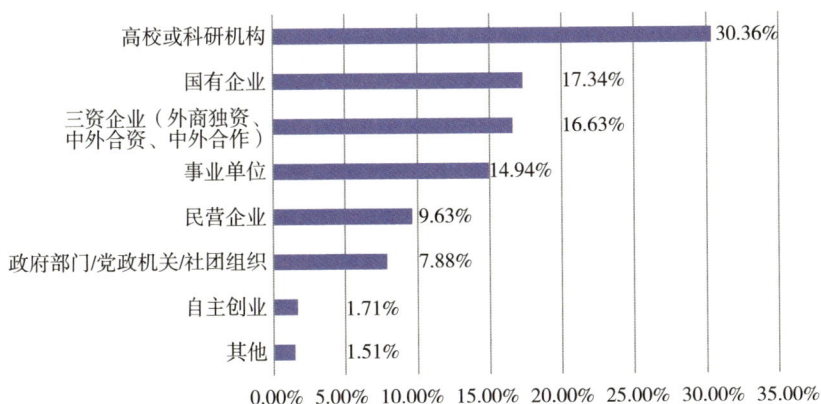

图4-21　留学回国人员所在单位类型

对人才的需求量非常大，同时拥有丰富的科研资源和良好的学术环境，从而吸引了大量的留学回国人员。国有企业工作往往有较强的稳定性，近年来也成为毕业生竞相进入的岗位。三资企业也较为适合对海外市场环境更为了解的留学回国人员，而留学回国人员因其有海外学习背景，进入有外资引入的企业工作也有相应的熟练度和适应性。此外，国内的民营企业发展都非常繁荣，比如以华为、阿里巴巴、腾讯、百度、京东等为代表的企业都是各行业的领军力量，也吸引着留学回国人员的加入。

（5）所处职位

从留学回国人员在单位中所处的职位分布来看，图4-22显示，14.01%的个体处于普通员工的职位，24.60%的个体成为基层管理者，27.99%的个体晋升到中层，29.13%的个体晋升到高层管理者。可以看出，留学回国人员在单位处于管理层岗位的人数远高于普通员工人数。留学人员作为各地引入的高层次人力资本代表之一，在引入地方后将获得职业发展和晋升上的便利，同时其自身也具有较高的受教育水平和能力，因此已有较多处于管理岗位。当然，留学回国人员无疑能为单位注入新的活力，为单位的持续发展提供有力支持。

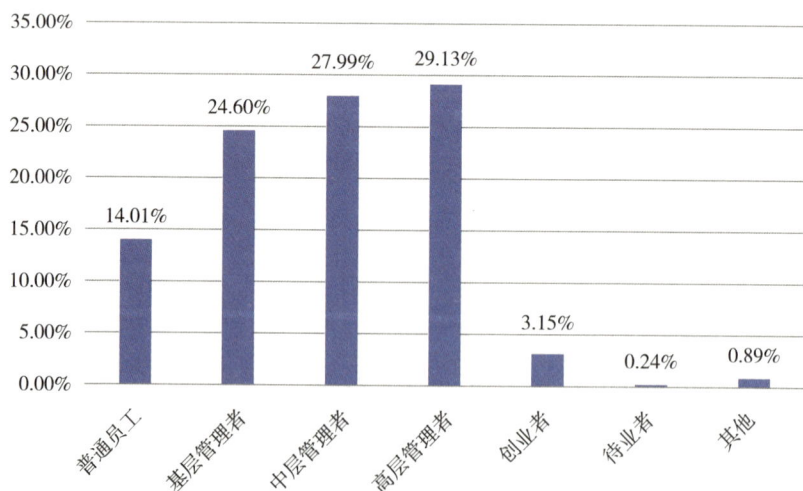

图4-22　留学回国人员所处职位分布

（6）薪酬状况

图4-23显示，留学回国人员中，46.32%的个体税前年薪在20万—29万元；26.84%的个体税前年薪为10万—19万元；30万元及以上的占到17.15%；9.70%的个体税前年薪在10万元以下。薪酬分布情况也与职位分布特征相符合，平均年薪大致处于20余万元。

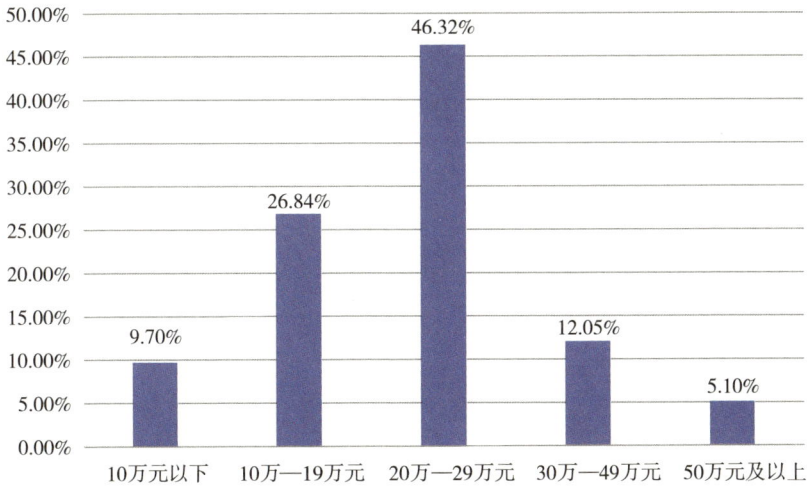

图4-23　留学回国人员薪酬水平

分性别来看，图4-24显示，相对于男性，女性更多分布在20万元以下的薪酬区间，更少分布在20万元以上的薪酬水平上。一方面，劳动力市场可能存在着性别差异化；另一方面，女性可能会出于个人偏好或家庭需求的考虑，选择工作时长较短、压力较小的工作，薪酬水平也就较低。

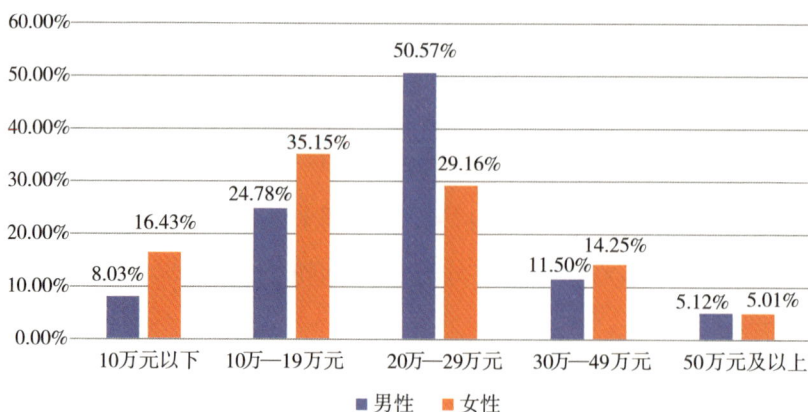

图 4-24　分性别的留学回国人员薪酬水平

（7）工作时长

图 4-25 显示，约 69.38% 的留学回国人员的周工作天数为 5 天；19.91% 的个体平均每周工作 6 天。这与当前一些企业的工作制度有关，比如部分"大厂"实行"大小周"或"996"工作时间安排，而非双休制度。

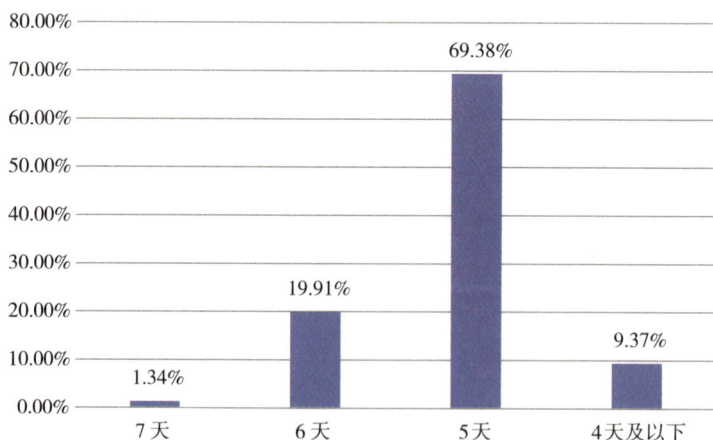

图 4-25　留学回国人员周工作天数

从日工作时长来看，图4-26显示，62.15%的个体日工作时长分布在8—10小时；约为6%的个体日工作时长超过10小时；工作时长不超过8小时的个体占比约为30%。多数个体的工作时间已经超过了八小时工作制的要求，考虑到留学回国人员所处行业多分布在金融和信息技术服务业，这些行业的工作大多压力较大，普遍要求较长的工作时间。

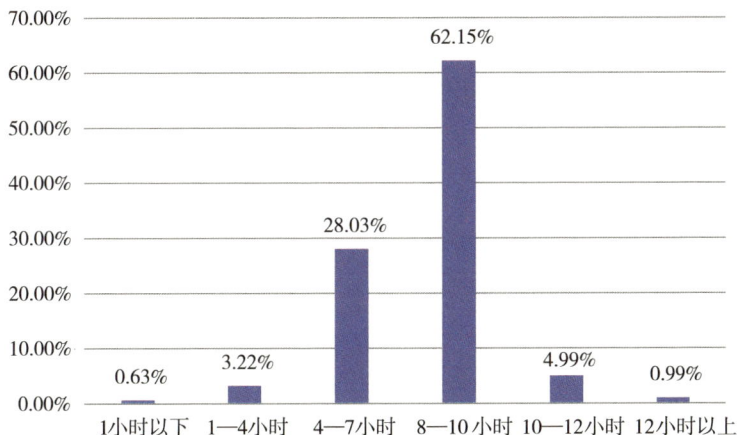

图4-26　留学回国人员日工作时长

（8）工作满意度

图4-27显示，留学回国人员中，对主要工作持非常满意状态的占43.94%；认为工作满意的占30.14%；有21.12%的个体认为工作一般；5%左右的个体对主要工作持不满意的态度。可以看出大多数个体对个人的工作现状较为满意。

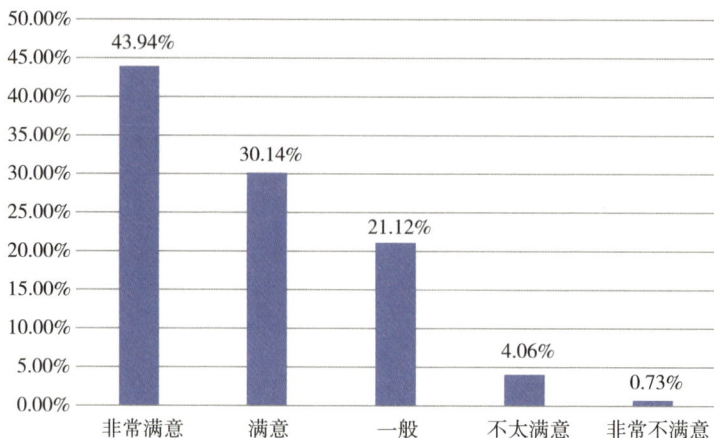

图 4-27　留学回国人员工作满意度

6.创业情况

（1）创业经历

图4-28显示，留学回国人员中，将近60%的个体曾经创过业或当前正在创业。一方面，留学回国人员可能拥有较强的个人能力、家庭经济实力、校友资源等社会网络关系，以及更加开放的思维方式和创新性思考模式，创业的能力和实力相对较强；另一方面，国家对于创新创业行为的鼓励和支持政策也吸引更多人回国创业。因此，留学回国人员的创业比例相对国内毕业生而言较高。

（2）创业环境满意度

图4-29显示，拥有创业经历的留学回国人员中，61.76%的个体对国内创业环境的评价为非常满意；22.55%的个体持满意的态度，认为国内创业环境一般的个体占11.54%；4.15%的个体对国内的创业环境持不满意的态度。总体而言，留学回国人员对国内创业环境的满意度较高，创业环境良好。

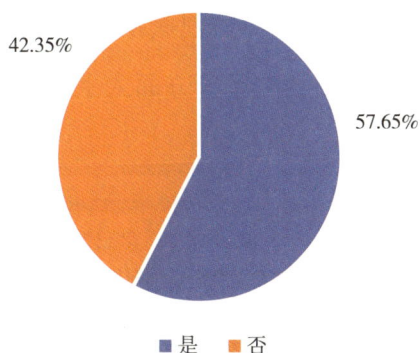

图4-28 留学回国人员国内创业经历

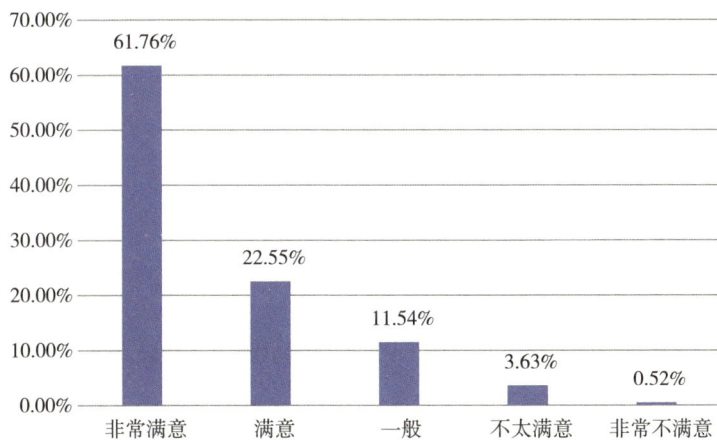

图4-29 留学回国人员对创业环境的满意度

（3）创业困难

从留学回国人员在创业过程中遇到的困难分布可以反思当前国内创业环境的不足，进而加以改善。具体而言，图4-30显示，创业服务不到位、人力成本高、技术成果难以转化是使创业人员感到困难的最主要的三个因素；其次是融资困难、研发水平有限；然后是行业竞争激烈、企业税务成本高等因素。因此，国内创业环境的进一步改善可主要从提供创业指导、完善相关的服务体系以及便利化融资渠道和贷款服务等方面入手。

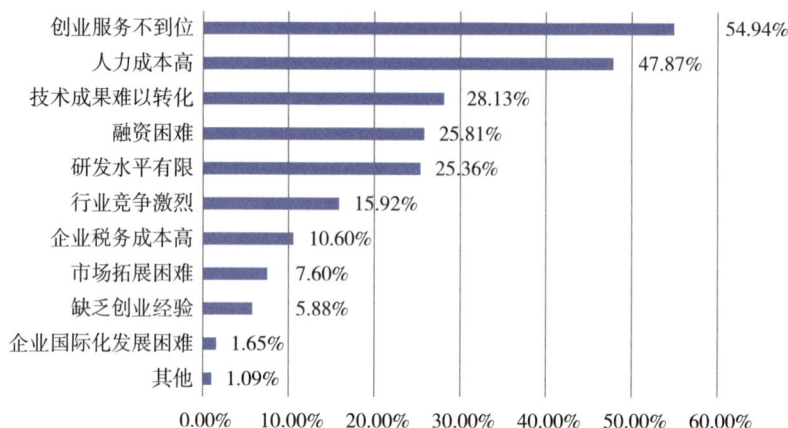

图4-30 留学回国人员所遇的创业困难

7.收入状况

与留学回国人员2022年总体收入水平的分布形态与薪酬状况相似，但绝对水平上高于薪酬水平，其他非工资性收入也发挥着作用。具体而言，图4-31显示，年收入水平处于10万元以下的占

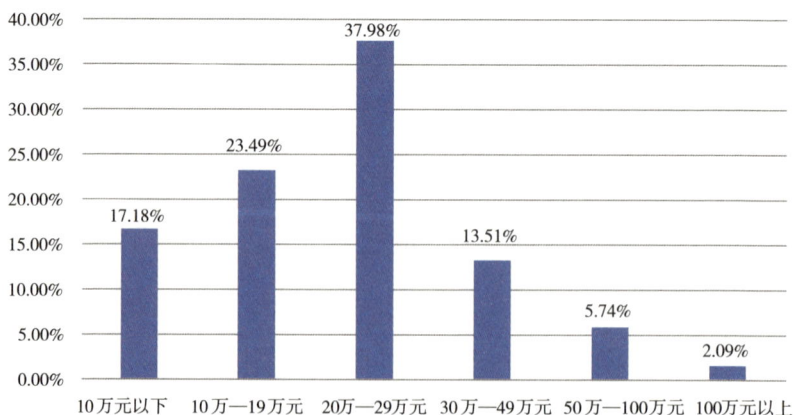

图4-31 留学回国人员2022年的总体收入（人民币/元）

17.18%；10万—19万元之间的占23.49%；处于20万—29万元的占37.98%；处于30万—49万元的占13.51%；50万元以上的占7.83%。

（五）留学人员回国就业预期

本部分主要对当前未就业的留学回国人员的就业预期进行分析，包括期望工作地点、期望行业、期望单位类型、期望职位、期望薪酬水平和择业要素等内容。

1.期望工作地点

图4-32显示，留学回国人员中，近一半个体期望的工作地点是北上广深；约39%的个体期望在成都、天津、杭州、青岛、南京和重庆等新一线城市工作；6.41%的个体期望在中国其他地区工作；5.99%的个体期望在留学国工作，极少数个体期望的工作地点为其他国家。整体来看，北上广深等一线城市依然是最优先的考虑，这也与留学回国人员的现实工作地点分布特征基本一致。

图4-32 留学回国人员期望工作地点分布

2.期望行业

图4-33显示，留学回国人员最期望从事的两个行业是金融业与信息传输、软件和信息技术服务业；其次是科研和技术服务业与教育等行业。可以看出期望行业的分布与留学回国人员现实主要工作所在行业的分布基本一致，都主要集中在金融、信息技术和教育等发展较为繁荣、经济回报较高的行业。

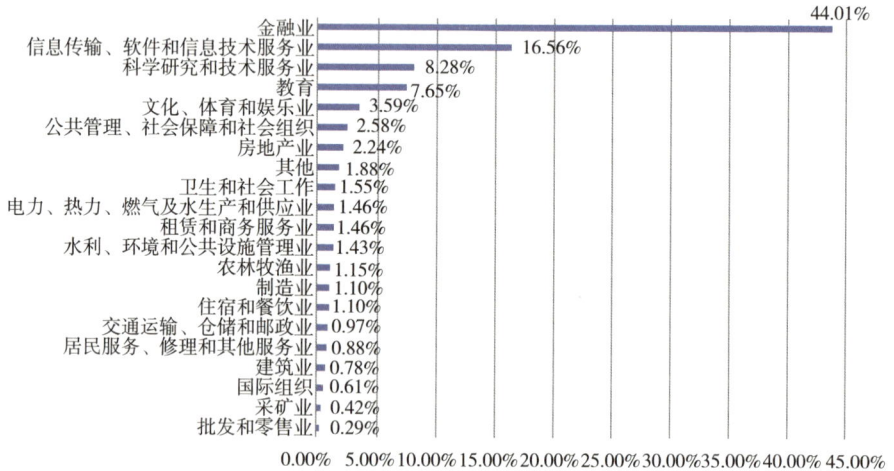

图4-33 留学回国人员期望从事行业的分布

3.期望单位类型

图4-34显示，从留学回国人员期望的就业单位类型来看，政府部门/党政机关/社团组织是最受欢迎的；其次是国有企业、三资企业、事业单位、高校或科研机构和民营企业等，明显地趋向以稳定为特征的公共部门中。经济状况等不确定性的增加可能使个体在选择工作时更加规避风险。

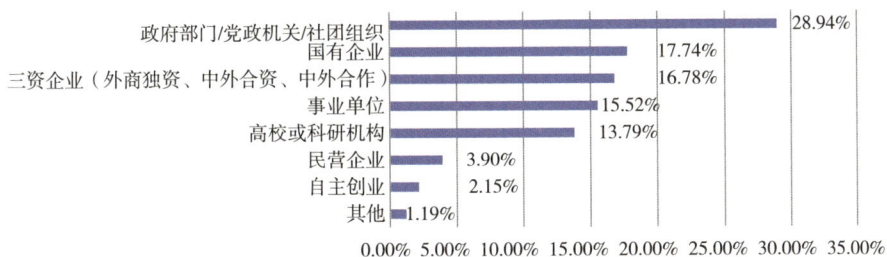

图4-34　留学回国人员所期望的单位类型

4.期望职位

图4-35显示，留学回国人员中，3.66%的个体期望在单位中做普通员工；12.20%的个体期望成为基层管理者；33.60%的个体期望晋升至中层管理者；44.41%的个体期望的职位是高层管理者。总体来看，较多留学回国人员期望的职位是中高层管理者，对职位晋升具有较大的期待，也有一定个体期望在基层担任管理者或普通员工，职位上的攀升是个体在工作中普遍追求的目标。

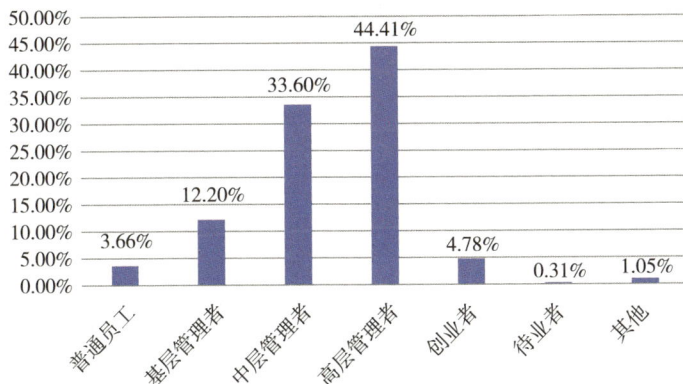

图4-35　留学回国人员的期望职位

5.期望薪酬水平

图4-36显示，留学回国人员中，17.77%的个体期望薪酬处于10万—19万元；27.82%的个体期望薪资能达到20万—29万元；21.24%的个体期望薪资处于30万—49万元；期望薪资在50万元以上的个体约占29.70%。总体而言，近一半的个体期望的以人民币计的税前薪资处于10万—30万元之间。从期望薪资的分布来看，大多数个体的期望薪资水平是相对可实现的理性目标，工作与生活的平衡和适度是更为期待的状态。

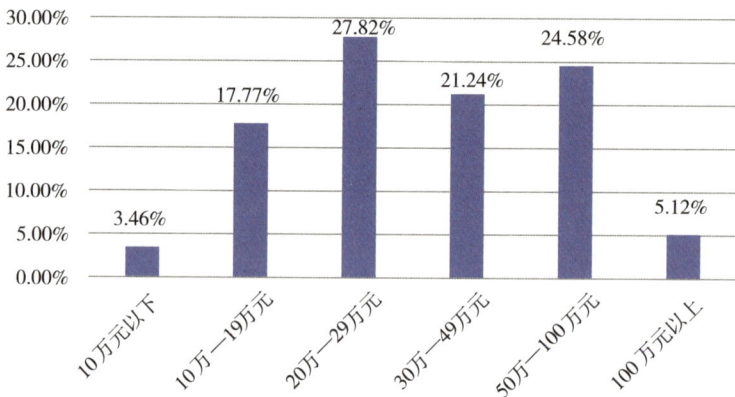

图4-36　留学回国人员的期望薪酬水平

6.择业要素

图4-37显示，留学回国人员中，40.89%的个体在择业时最为看重的要素是薪资福利；32.80%的个体最看重职业发展空间；较少个体关注专业或单位性质等因素。留学回国个体大多在乎短期效益与长期发展，薪资福利待遇和职业发展空间成为职业选择的重要因素。

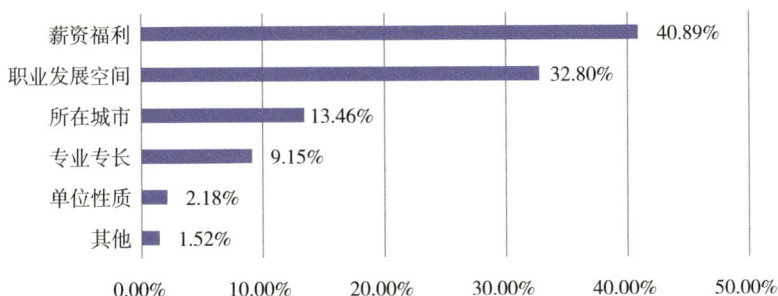

图4-37　留学回国人员的择业要素

（六）新冠疫情对留学人员回国意愿的影响

图4-38显示，新冠疫情之前约78.65%的留学人员回国意愿明显增强，在疫情防控期间该值上升到81.34%；疫情之前约13.37%的个体回国意愿降低，但在疫情防控期间该值下降到11.73%。

在新冠疫情的冲击下，中国的应对非常迅速，国内防疫取得的成效更为显著，社会环境更加安全。同时，国内经济工作恢复较好，发展形势良好。另外，在灾难发生时，回归祖国和家庭的愿望也将更加迫切。此外，在国内的亲人也对留学人员十分担忧，希望他们回到国内。因此，留学人员回国意愿明显增强（如图4-39所示）。

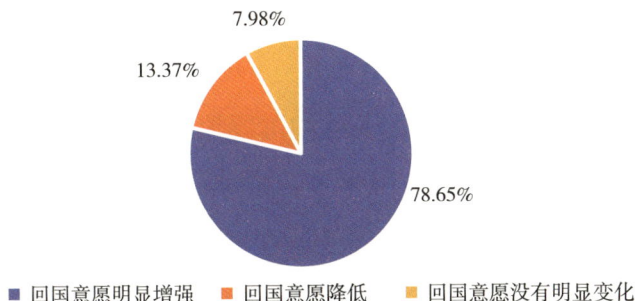

■ 回国意愿明显增强　■ 回国意愿降低　■ 回国意愿没有明显变化

图4-38　新冠疫情之前留学人员回国意愿

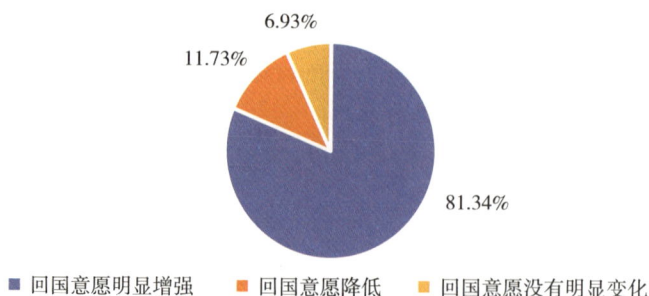

图4-39　新冠疫情防控期间留学人员回国意愿

　　图4-40显示，回国意愿增多的主要原因为国内经济运行恢复，发展预期较好，这大幅度增加了留学人员选择回国的意愿。

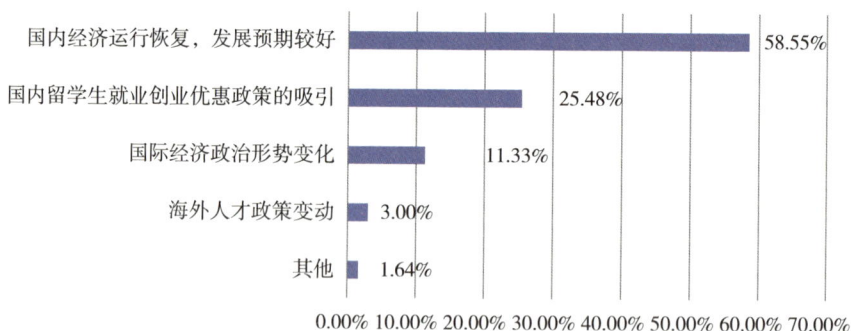

图4-40　留学人员回国意愿变动原因

（七）国际人才流动限制的影响

　　图4-41显示，约有67.25%的中国留学人员遭遇到签证的限制，说明海外对中国留学人员办理签证回国有一定的主观阻止倾向。

　　图4-42显示，有81.45%的留学人员认为海外签证限制对于国内同学出海深造没有太大影响。出海深造可以接触到不同的文化

体系，丰富自身学习领域的知识，海外签证的限制对于上述可以提升自我的机会影响不大。

图4-43显示，有46.50%的留学人员回国时遭遇过海外阻碍人才输出，部分国家对知识产权和技术转让有严格的法规和监管。

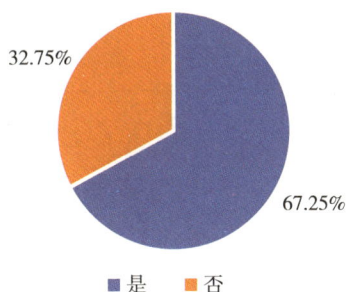

32.75%

67.25%

■ 是　■ 否

图4-41　留学人员遭遇签证限制情况

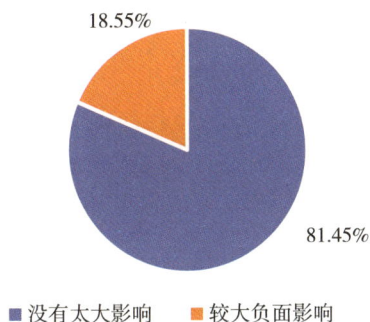

18.55%

81.45%

■ 没有太大影响　■ 较大负面影响

图4-42　留学人员对海外签证限制对于国内同学出海深造的看法

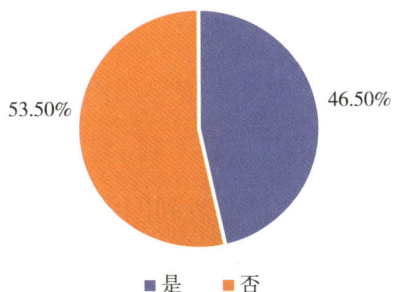

53.50%

46.50%

■ 是　■ 否

图4-43　留学人员遭遇海外阻碍人才输出的情况

图4-44显示，有79.88%的留学人员认为海外阻碍人才输出的限制对于人才回国没有较大影响，一些留学人员可能因为家庭、文化情感或个人愿望而更愿意回国，这使得限制对他们的影响较小。

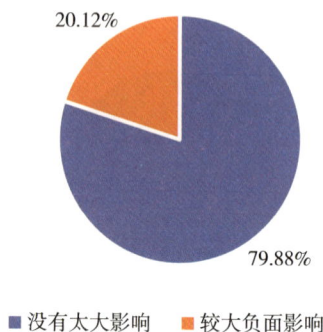

图4-44　留学人员对海外阻碍人才输出的限制对于人才回国的看法

（八）留学人员回国就业特征的年度变化

与2022年相比，2023年留学人员回国就业特征呈现的变化体现在以下几个方面。

一是回国原因。与2022年相比，2023年相对更看重国内的发展趋势，看重自身的发展，这也是因为在2023年新冠疫情渐渐结束，才更加注重发展。

二是国内工作经历。2023年留学回国人员国内工作1—3年的时间比例低于2022年，同时工作不到1年的比例高于2022年。近期，相对更多的留学回国人员愿意到国内工作，但经过2年多的时间就开始减少。

三是回国就业时的工作搜寻时长。与2022年相比，2023年留学回国人员在搜寻工作时所用的时长略微上升，能够在3个月内找到工作的个体占比略有下降，4个月内找到工作的个体占比上升幅度较大。新冠疫情结束后，劳动力开始频繁的跨国交流，劳动力市场的竞争力上升，需要更多时间去寻找工作。

四是工作单位规模和类型。从单位规模来看，与2022年相比，2023年留学回国人员多在大型企业工作。从工作单位类型来看，2022年分布最多的是三资企业，而2023年则最多分布在高校或科研机构。从预期工作单位类型来看，国有企业、事业单位、高校和科研机构等体制内的工作变得更受留学回国人员的欢迎。国际政治经济形势的变动以及就业难度的增加，使对于工作的偏好和预期发生变化，同质化地青睐于更加稳定的工作类型。

五是所处职位。2022年回国人员在单位中所处的职位大多在中层管理者以下，2023年大多为高层管理者。经济形势的转好导致大多企业的诞生与重生，对于高能力人才的需求较大。

五、留学人员海外就业状况调查报告

当前百年未有之大变局加速演进，全球局部冲突和动荡频发，随着全球经济发展形势的不确定性增大，社会各界广泛关注留学人员的海外就业情况。本部分主要调查分析了留学人员海外就业的状况，可为充分认识留学人员海外就业的现状、需求和挑战提供一定的参考。针对答卷数据的分析，得出如下主要结论。

（一）总体发现

留学人员海外学习特征。留学人员较多来自广东、北京和山东等经济发展水平较高或生源数量较多的地区，出国前最高学历就读学校层次多为一流大学，通常会选择在本科教育阶段结束之后赴海外修读硕士学位。相比于2022年，英国反超美国成为留学的最热门地点；其次是德国、美国和意大利，同时有相当一部分留学人员选择前往几大留学热门国家外的其他国家学习。人员选择留学地点最主要的考虑因素是工作前景和当地经济水平。留学人员较多在QS前300院校就读，大多学习理工类专业；其次是经管类，留学时长多分布在3年左右。留学支出大多分布在30万元左右，多有自费支出的部分。新冠疫情后，主要采取国外线下方式进行学习。较多受访者仍在读，小于四分之一的个体还处于毕业求职状态。

留学人员海外就业状况。较多留学人员还是希望在海外短期居留后回国发展，有部分留学人员看重工作机会和海外的薪酬，希望留在海外。近71%的留学人员还无海外工作经历，有海外工作经历的个体大多也是3年以下的短期工作，工作转换频次略少，大多并未受到过歧视，基本可在半年内找到工作，主要依靠直接向用人单位申请、专业化的招聘求职网站或客户端等途径。与留学地点一致，工作地点也主要分布在德国、美国和英国等地。主要分布在金融业、教育行业；其次是信息传输、软件和信息技术服务业及科研等行业。留学人员所在单位规模分布较为均匀，有部分在大型企业，也有部分在小型企业，多为在海外的非营利组织、基金会、大学、学院、组织、协会、组织、集团等单位。工作时长较为合理，多为每天4—8小时，每周工作5天。薪酬水平较低，年薪分布在20万元左右，职位也多分布在普通员工。较少留学人员有过创业经历，对海外创业环境较为满意，主要遇到过融资困难、人力成本高、研发水平有限、创业服务不到位和市场拓展困难等问题。大部分海外留学人员未就业，主要原因是缺乏实习实践经验、一直准备升学而暂时搁置就职以及招聘渠道有限等。

海外留学人员就业预期。从约80%未在业海外留学人员的工作期望来看，较多期望回到国内北上广深一线城市就业，从事金融业、教育以及科学研究和技术服务业；其次是信息技术和文娱等行业，到高校、科研机构；再次是三资企业、事业单位、政府部门和国有企业等单位就业，晋升到中高层管理层，获得20余万元的税前年薪。总体而言，就业预期较为理性，择业看重的是薪资福利以及长远的职业发展。

海外留学人员回国意愿。留学人员回国工作面临的主要困难在于：国内内卷压力大，就业竞争激烈；回国需重建社会关系网络；就业信息获取渠道有限，很难找到工作；国内职场文化，在性别、年龄等方面存在限制；国内薪资较低，工作时间较长；国内缺少资金、机会和相关政策；毕业时间与国内校招时间衔接问题，容易错过招聘季，不满足应届生身份等。希望放宽年龄限制；增加人才扶持政策；着力发展经济，创造更多就业岗位，营造良好的劳动营商环境，落实劳动保障法律法规；提高科研人员待遇。改善加班制度，按照劳动法安排工作时间；增加更多工作岗位。提高女性工作的薪资和福利待遇等。

（二）调查样本描述

课题组设计的留学人员海外就业状况调查问卷主要包括五部分内容：第一部分是受访者的基本特征；第二部分是留学人员的海外学习情况；第三部分是留学人员海外就业的现状及就业预期；第四部分是国际人才流动限制对留学人员的影响；最后还询问了受访者被追踪调查的意愿。2023年9—10月间，通过出访团组重点对在瑞士、瑞典和德国等海外留学人员信息进行采集。利用问卷星平台，以链接和二维码的形式发放并回收问卷共1192份，筛选出当前在海外、年龄处于18—55岁且在出生日期、开始海外学习时间、取得学位时间及工作时间的填写上逻辑自恰的样本，共

1108个。这些受访者的平均年龄为25.12岁；男性约占50.72%，女性约占49.28%；约8.12%有配偶。从户口类型的分布来看，图5-1显示，海外留学人员大多是非农业户口，其中，约32.85%是非农业户口；37.82%是非农业户口转居民户口；16.88%是农业户口；9.93%是农业户口转居民户口。

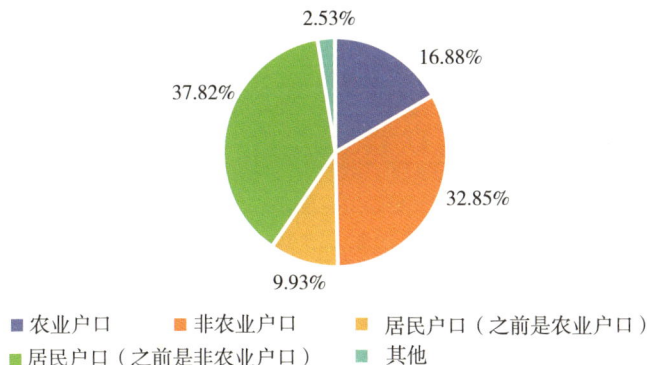

图5-1　海外留学人员户口类型分布

（三）留学人员海外学习特征

本节主要针对留学人员的学习特征进行分析，包括户口所在地与高考生源地、出国前最高学历状况、留学地点、就读学校层次、留学时长、取得最高学位、所学学科、学习形式、留学资金来源与支出情况等内容。

1.户口所在地与高考生源地

从海外留学人员的户口所在地和高考生源地来看，在高考户籍限制下，两者分布呈现较强的一致性。具体来看，图5-2显示，分布最多的是广东，超过10%；其次是北京，这两个地区具有较高的经济发展水平和优质丰富的教育资源，来自于此的学生相对具有更多的教育选择和更高的能力水平；其次是山东、四川等人口和生源数量较多的省份。

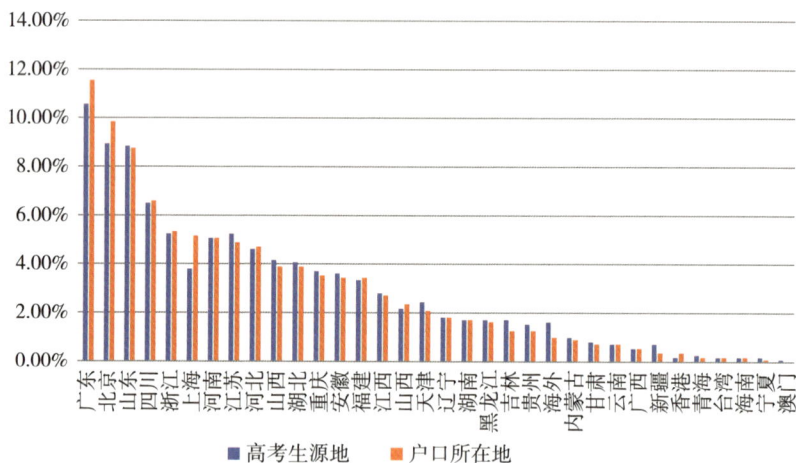

图5-2　海外留学人员高考生源地及户口所在地分布

2.出国前最高学历状况

图5-3显示，海外留学人员中，超过一半的个体是在完成本科阶段教育后出国，通常会继续在海外修读硕士学位，丰富自身的教育背景，以便在之后的工作或学习中占有一定的优势。另外，还有21.39%的留学人员是在成为硕士研究生之后赴海外学习的，可能会继续选择攻读博士，追求更好的学术和工作发展前景；14.08%的个体在高中教育阶段结束之后出国留学。

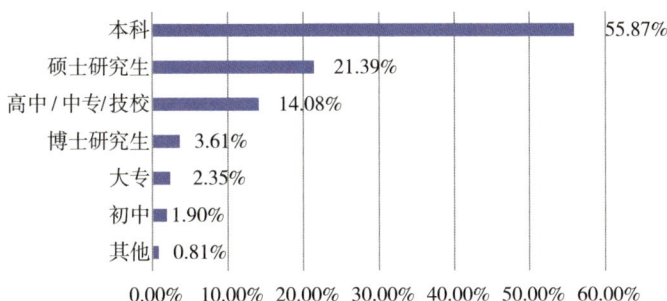

图5-3　海外留学人员出国前的最高学历分布

图5-4显示，海外留学人员出国前最高学历所在学校层次较多分布在一流大学和普通省属院校；其次是省属一流学科建设高校。就读于普通省属学校的学生可能有较大的动力弥补已有学历背景的差距，以提升学历背景和留学背景为目的而选择出国留学。就读于一流大学和一流学科建设高校的学生相对来说有较好的学习能力和学习平台，更有可能获得赴海外高校留学的机会。

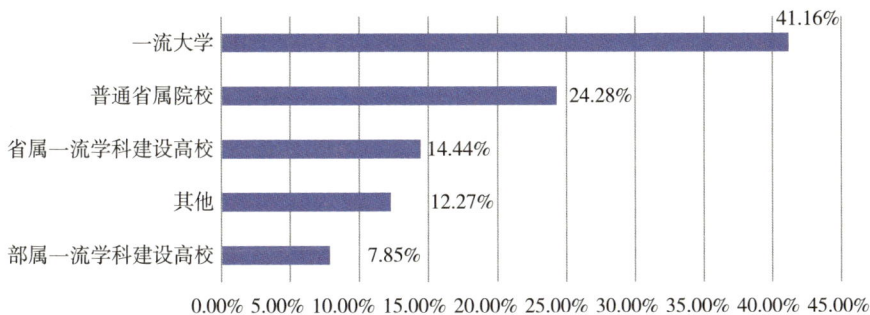

图5-4　海外留学人员出国前的最高学历分布

3.留学地点选择

从留学地点的分布来看，图5-5显示，海外留学人员留学地点选择最多的是英国，约占34.24%；其次是德国，这两个国家一共占比约为50.58%；与2022年不同，本次调查中由约16.06%的人员选择前往主流国家外的其他国家学习，总数位居第三，表明留学人员选择更加多元丰富，前往主流留学国家或地区之外进行学习成为新趋势；然后是美国、意大利，紧接着是分布在亚洲的中国香港特别行政区，随后才是澳大利亚、日本、新加坡和加拿大。

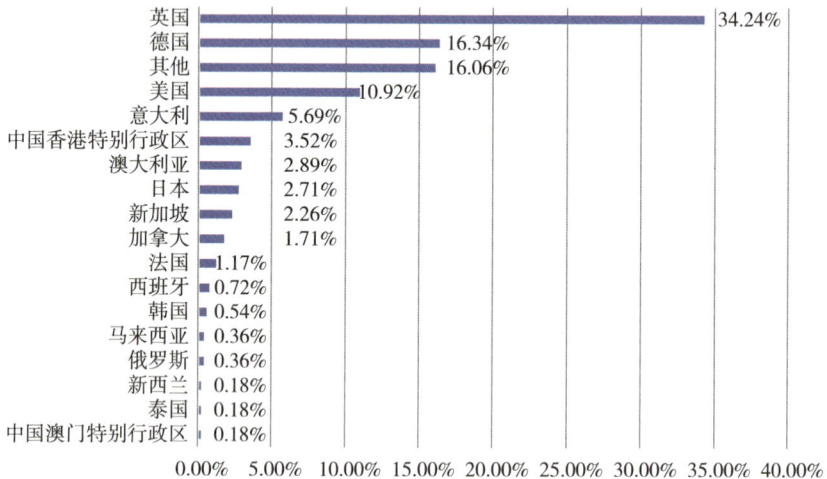

图5-5　海外留学人员留学地点分布

就选择留学地点的具体原因而言，图5-6显示，约半数留学人员都是以到当地留学有助于找工作、经济发达、当地较高的教育水平作为选择留学地点的主要考虑因素；其次考虑的是当地的文化、学时、申请难度等。可以看出，教育和发展仍是个体选择留学的主要追求目标，同时也会考虑文化、学制、时长等因素。

获得该国家/地区的学位对将来找工作有很大帮助 ▆ 39.80%
当地经济发达 ▆ 36.19%
当地教育水平高 ▆ 30.96%
对当地文化感兴趣 ▆ 23.92%
学时短 ▆ 12.64%
学校容易申请 ▆ 12.27%
学好当地语言对将来就业有很大帮助 ▆ 11.91%
有奖学金 ▆ 10.92%
其他 ▆ 5.51%
有亲戚朋友在当地，便于寻求帮助 ▆ 5.14%
签证比较容易 ▆ 3.25%
学位比较容易获得 ▆ 3.25%
移民难度低 ▆ 2.17%

0.00%　10.00%　20.00%　30.00%　40.00%　50.00%

图5-6　海外留学人员选择留学的地点原因

4.海外学习学科

就留学人员选择海外就读的学科分布而言，图5-7显示，选择最多的是理工类，超过四分之一；其次是经管类，约占25%；然后是医学，约占10%；还有文学和艺术学、教育学、法学和哲学等。

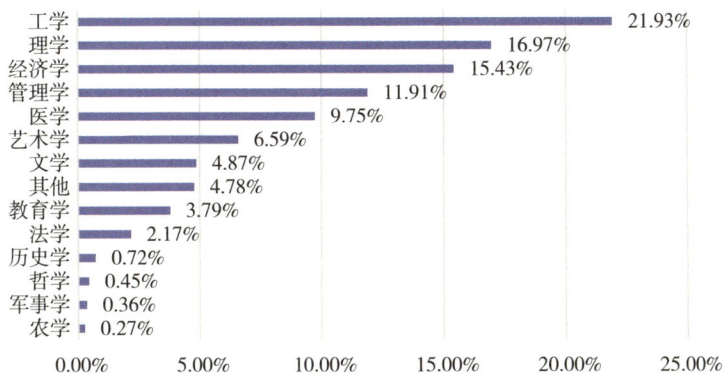

工学 ▆ 21.93%
理学 ▆ 16.97%
经济学 ▆ 15.43%
管理学 ▆ 11.91%
医学 ▆ 9.75%
艺术学 ▆ 6.59%
文学 ▆ 4.87%
其他 ▆ 4.78%
教育学 ▆ 3.79%
法学 ▆ 2.17%
历史学 ▆ 0.72%
哲学 ▆ 0.45%
军事学 ▆ 0.36%
农学 ▆ 0.27%

0.00%　5.00%　10.00%　15.00%　20.00%　25.00%

图5-7　留学人员海外学习学科分布

5.海外学习时长

整体来看，留学人员的平均留学时长为2.78年，约65%的留学人员的留学时长分布在1—4年。这一现象也与留学人员大多在本科阶段之后赴海外学习，在海外取得硕士学位，以及留学人员平均年龄这三个特征相符。图5-8显示，留学时长在1年以下的个体较少，留学时间过短，较难在短时间内取得学历学位，获得教育质量和教育水平的提升。留学时长在5年以上的个体也较少，留学成本较高，能够长时间投资于留学教育的家庭或个体较少。但随着留学时间的增长，相应时段的留学人员占比下降的趋势并不十分明显，选择了居留国外而非回国发展的个体可能本就计划了较长的留学时间，也对国外的学习、生活和工作环境更为熟悉。

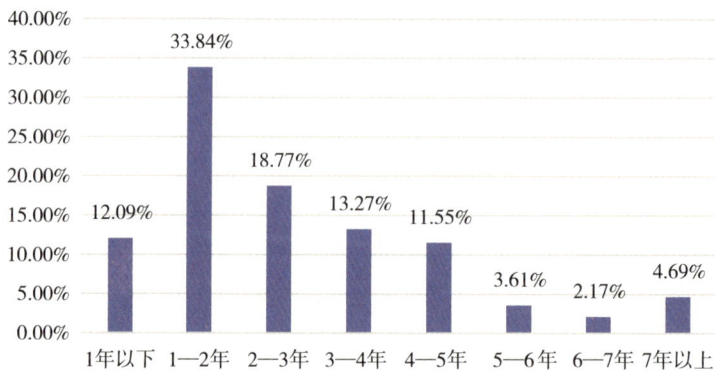

图5-8　留学人员海外留学时长分布

6.海外就读学校层次

就留学人员选择海外就读学校的层次而言，图5-9显示，分布最多的是QS前100，约占41.79%；其次是QS100—300，约占

40.07%；然后是QS300—500，约占9.84%。海外留学高校大多数处于QS排名靠前的位置，随着排名的落后，留学人员选择这些学校的概率总体呈下降趋势。就读学校层次越高，留学所能带来的收益也就越多，在留学成本相对较高的前提下，个体将以提升就读学校的层次作为更高的追求。但也存在不少留学人员以出国为目的而选择层次并不高的学校就读。

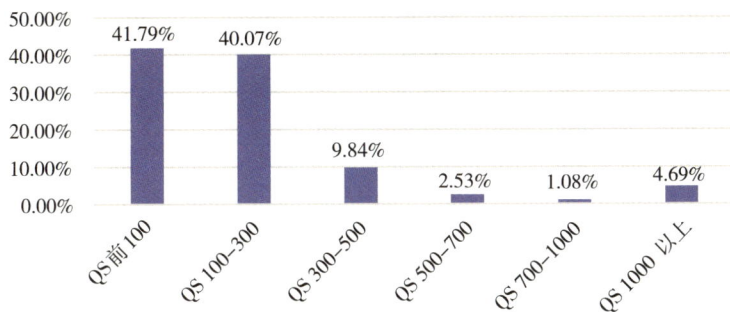

图5-9　留学人员海外就读学校层次分布

7.海外取得最高学位

就留学人员在海外所获的最高学位而言，图5-10显示，60.40%的个体在海外获得的是硕士学位；其次是博士学位，占20.91%；然后是学士学位，占17.42%。可见，本科和硕博研究生学位是个体追求海外教育经历的主要目标，尤其是硕士学位。

8.海外留学资金来源与费用支出情况

图5-11显示，超过70%的留学人员海外学习资金以自费为主，不少个体也获得了奖学金的支持。约7.5%的个体获得了半奖；约有30%的个体获得了公费支持和全奖。自费仍是海外学习期间

最主要的资金来源，对于留学个体或家庭而言是一笔较大的教育投资支出。

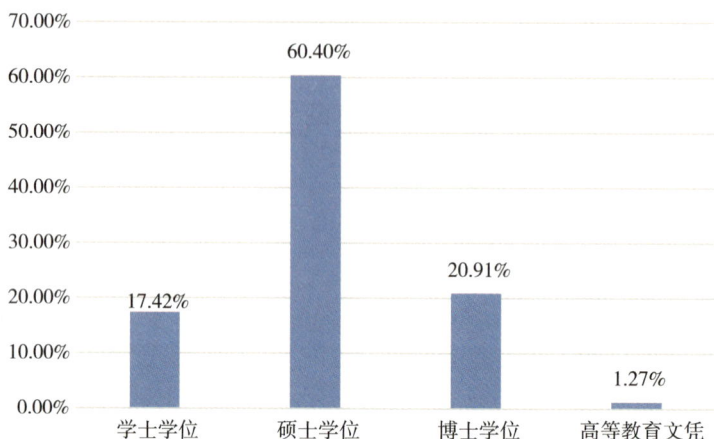

图5-10 留学人员海外取得最高学位分布

备注：少数留学学位设置无法与国内学位设置准确对应，因此统一列示为"高等教育文凭"。

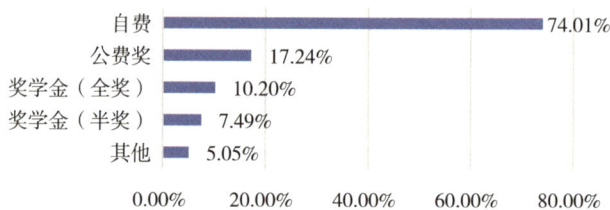

图5-11 留学人员海外留学资金主要来源

图5-12显示，留学人员在海外留学期间的费用支出分布在10万—30万元的占比为25.27%；27.71%的个体留学费用为30万—50万元。分布在200万元以上的占比很少，可能是由于过高的费用将超出一般家庭所能承担的教育投资额度；分布在5万元以下的占比达到14.71%，可能是费用较低吸引了一些学生选择QS排名稍靠后的学校。

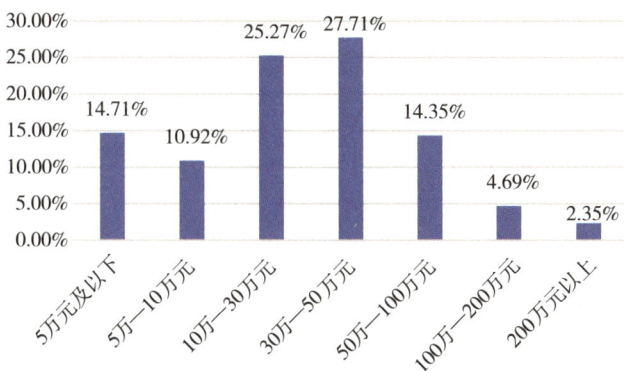

图5-12　留学人员海外留学自费支出

9.新冠疫情后留学的主要学习形式

近年来新冠疫情也对留学人员的学习形式产生了冲击，线上课程成为新的学习方式。随着疫情的结束，线下课程又重新成为主流学习方式。具体而言，图5-13显示，超过八成的个体以国外线下的方式进行留学期间的学习；其次是国外线下与国内线上的形式，约占10.47%；只有不到5%的个体选择在国内或国外线上远程上课。

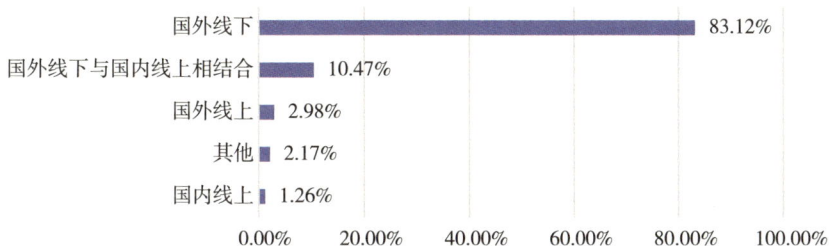

图5-13　海外留学人员疫情防控期间的主要学习形式

10.留学人员海外就读就业状态

图5-14显示，调查样本中约74.5%的个体尚未完成学习阶段；约8%的个体正在海外求职；15%左右的个体完成了学业，但仍未开始求职。

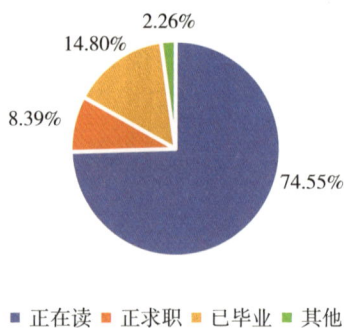

2.26%
14.80%
8.39%
74.55%

■ 正在读 ■ 正求职 ■ 已毕业 ■ 其他

图5-14　留学人员当前海外就读或学习状态

（四）留学人员海外就业特征

本部分通过对留学人员的海外居留原因、工作经历、当前工作状态、工作的搜寻转换等特征进行分析，还包括就业预期等内容。

1.留学人员海外居留意愿及原因

首先从海外留学人员的居留与回国意愿来看，图5-15显示，约66%的留学人员打算毕业后回国发展，近25%的留学人员打算居留在留学地点，约7%的留学人员计划去其他海外地区发展。

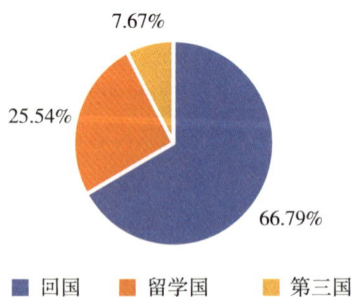

7.67%
25.54%
66.79%

■ 回国　■ 留学国　■ 第三国

图5-15　留学人员毕业后海外居留意愿

就留学人员计划居留海外的时长来看，图5-16显示，较多留学人员暂无明确的居留计划，约占41.70%，计划长期居留海外的个体约占21.84%，余下36.46%的留学人员计划短期居留海外。

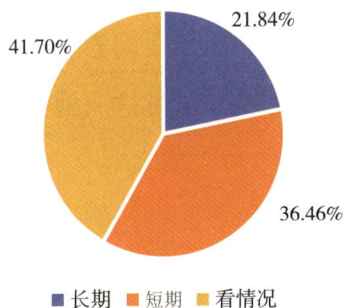

图5-16　留学人员计划海外居留时长

就留学人员选择居留海外的原因而言，图5-17显示，多数留学人员看重的是海外的薪资福利和工作机会，约占60%；其次是职场文化，约占40%；然后是生活习惯等因素。

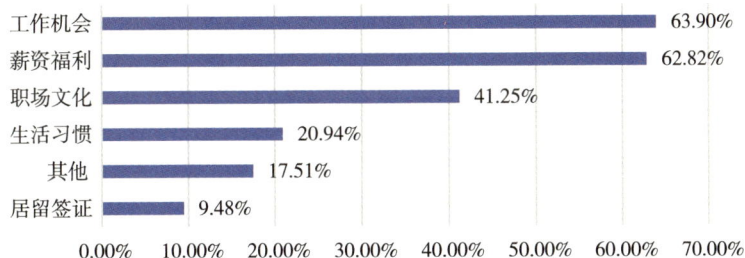

图5-17　留学人员选择居留海外的原因

2.留学人员海外工作经历

从留学人员的海外工作经历来看，图5-18显示，约71.03%的留学人员还没有海外工作经历，因为有部分个体还处于在读状态；13.81%的留学人员在海外刚工作不到1年；10.74%的留学人员已在海外工作了1—3年；海外工作经历超过3年的个体约占5%。这也与较多个体选择短期居留海外的事实相符，因为生活习惯、家庭和社会关系、文化传统等各方面因素，留学人员可能会选择在海外工作一段时间后再回国，同时这一海外工作经历也是回国后职业发展的一大优势。

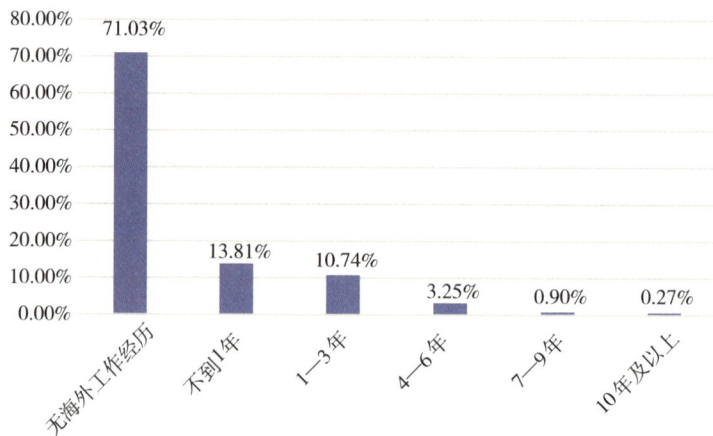

图5-18　留学人员海外工作经历

现考虑有海外工作经历的321份样本，就其工作转换频率来看，图5-19显示，62.62%的留学人员在海外有过1份工作；24.61%的留学人员有2份工作；约7%的留学人员有3份海外工作经历；约6%的留学人员具有超过3份的海外工作经历。总体来看，工作转换频率不高，这一事实也与留学人员海外短期居留预期及平均年龄相符。

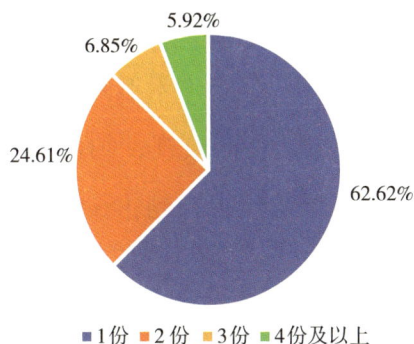

图5-19 留学人员海外工作份数

从留学人员海外工作经历中的最长持续时间来看，大多都比较短。图5-20显示，约38.94%最长工作经历持续时间不到半年；其次是半年到一年，占25.55%；约25.23%在一年到三年之间；在三年以上的约占10%。一方面，可能毕业时间较短，暂无长期的工作经历；另一方面，可能在海外短期工作后回到国内。因此，在海外长期工作的个体并不多。

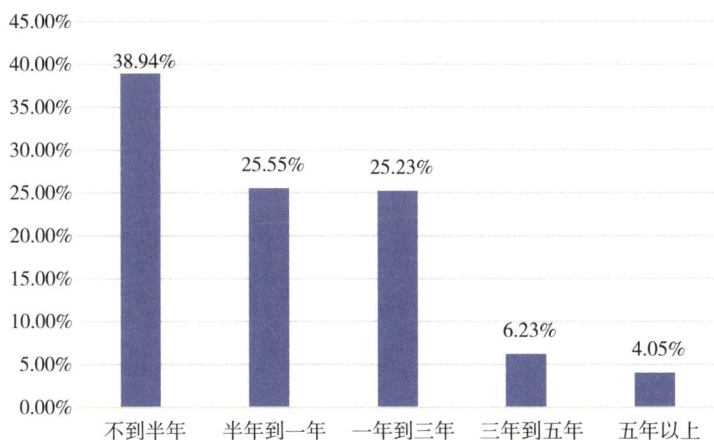

图5-20 留学人员海外工作经历最长持续时间

3. 留学人员海外就业歧视

多数留学人员在海外工作中并未遭遇过歧视。图5-21显示，遇到过的就业歧视主要包括种族歧视，约占25%；其次是性别歧视，约占8.5%；然后是学历歧视，约占6.5%；还有约7%其他类型的歧视问题。

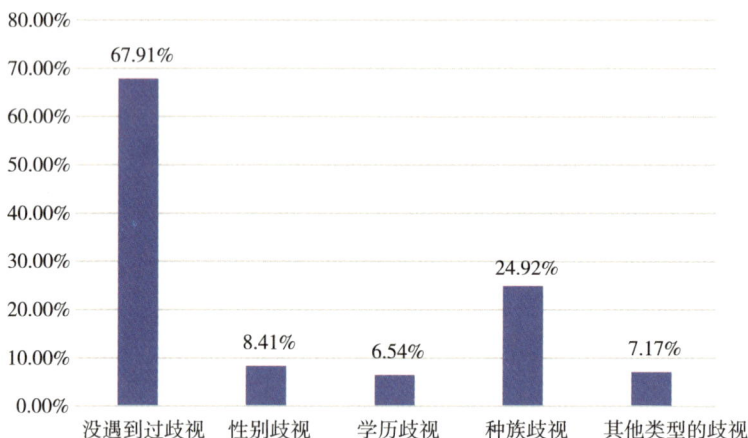

图5-21　留学人员海外工作歧视

4. 留学人员海外工作搜寻时长

就留学人员毕业后找到第一份工作的搜寻时长分布来看，图5-22显示，约42%的留学人员能在1个月内找到工作；近80%的留学人员能在3个月内找到工作；约95%的留学人员能在半年之内找到工作。这表明留学人员在海外寻找工作的难度不大，选择居留海外的留学人员可能在前期已做好了在海外进行工作搜寻的充分准备，在自身能力、家庭背景及校友资源等方面具有较好的基础支持。

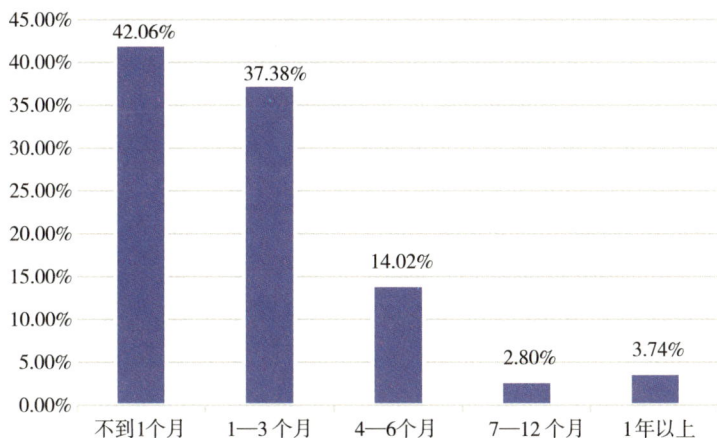

图5-22　留学人员海外初次就业搜寻时长

5.主要工作特征

本小节主要针对留学人员在海外的最近一份工作或当前工作特征进行分析，主要包括工作地点、行业、单位类型与规模、薪酬、工作时长等内容。

（1）工作地点

留学人员海外工作地点与留学地点分布具有较强的一致性，图5-23显示，分布最多的是德国，约占25%；其次是其他国家，占24.61%；然后是英国、美国、澳大利亚、中国香港特别行政区和加拿大等地。大多数留学人员出于工作的考量选择留学地点，那么这一地点也就大概率是毕业后的工作地点，同时还有留学期间在当期积累的社会资本等也会吸引其留在当地。

（2）行业分布

留学人员海外主要工作所处的行业中，图5-24显示，分布最多的两个是科学研究和技术服务、金融业，占30%；其次是教育

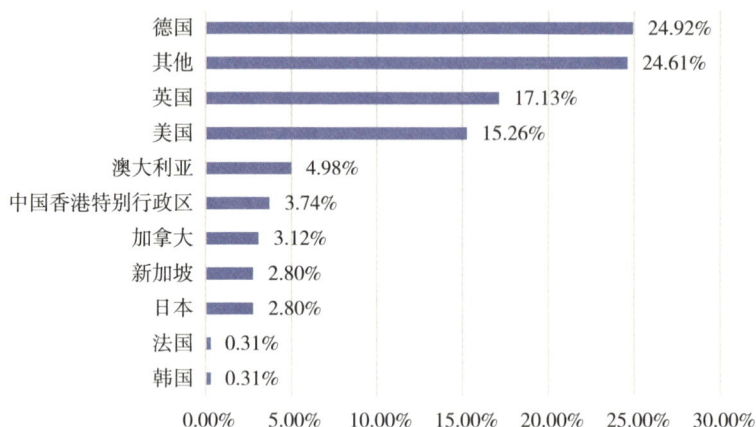

图 5-23　留学人员海外工作地点

以及信息传输、软件和信息技术服务业等行业。科学研究领域需要大量的人才，且工作待遇相对优厚，处于该行业的人数占比最大。同时，随着新一轮科技革命的兴起，数字技术快速发展，数字经济时代加速到来，人工智能和大数据等繁荣发展需要相关行业的人才，这些领域也能带来优厚的薪酬，成为劳动力市场中的热门行业，吸引留学人员的大量涌入。这些行业的分布与国内工作行业分布具有较强的一致性，一方面是产业发展的同步，另一方面可能是留学人员在为后期回国发展作铺垫，积累相关工作经验。

　　具体而言，在数字经济产业工作的海外留学人员中，图 5-25 显示，约有三分之一分布在数字产品制造业；约 30% 分布在数字产品应用业；18.48% 分布在数字产品服务业；10.87% 分布在数字化效率提升业；7.61% 分布在数字要素驱动业。与国内相比，更多分布在数字产业链的上游，具有更高的研发创新要求。

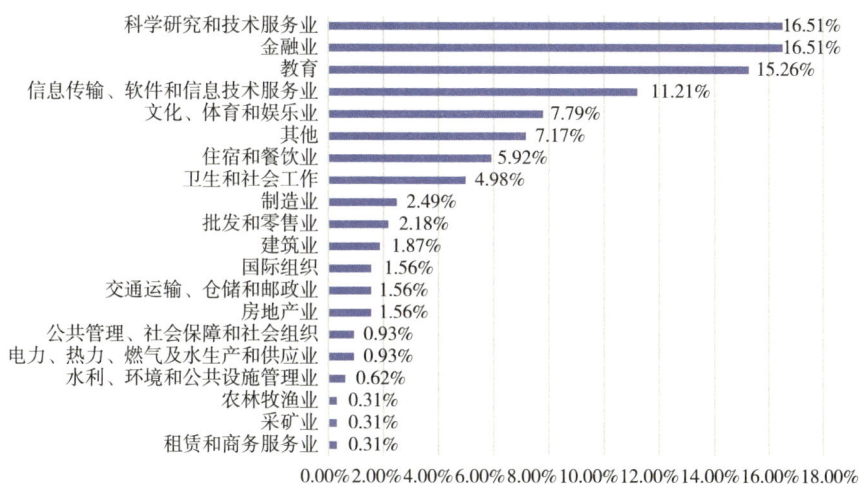

图5-24　留学人员海外工作所在行业

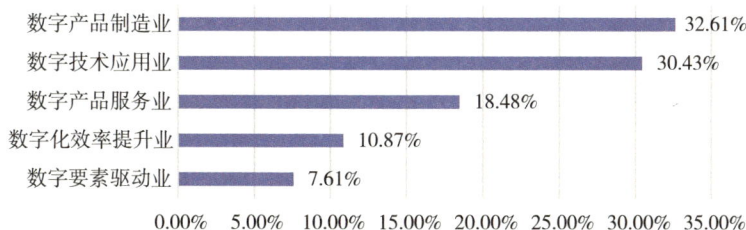

图5-25　留学人员海外所在数字经济产业类别分布

（3）单位规模与单位类型

从留学人员海外工作单位规模来看，图5-26显示，留学人员中约27.10%的个体所在单位拥有的从业人员数量为20人以下；在20—50人的占18.38%；2000人以上的占15.58%；也有约13%的留学人员分布在50—100人的单位。总体而言，一部分分布在非大型企业，从以上分析可知，留学人员多分布在信息技术行业和数字经济领域，这些领域的企业多为创新创业型，具有小而精的特征。

另一部分，分布在晋升、薪酬福利和职业发展等更可能具有优势的大型企业。

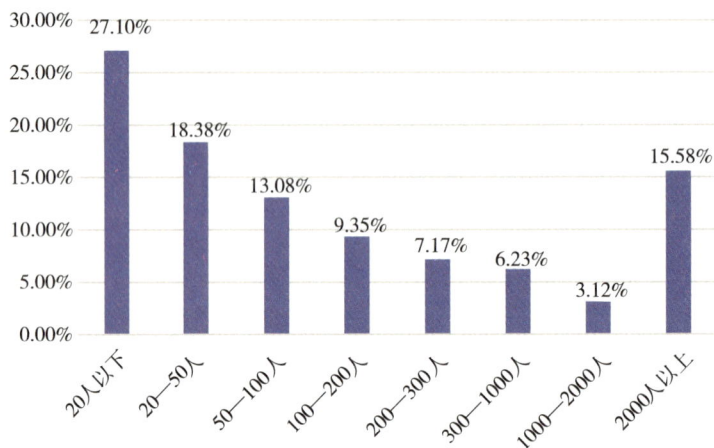

图 5-26　留学人员海外工作单位规模

从所在单位的类型来看，将近 48% 的留学人员都分布在海外的非营利组织、基金会、大学、学院、组织、协会、组织、集团等单位，更加稳定且发展更可期待。

（4）工作时长

图 5-27 显示，71.34% 的在海外工作的留学人员周工作天数为 5 天；16.20% 的个体平均每周工作 4 天及以下；还有约 9% 的留学人员每周工作 6 天。与国内相比，工作天数相对更少。这可能与海外的工作制度及规制执行力度和工作文化有关。

从日工作时长来看也是如此。图 5-28 显示，约 57% 的留学人员在海外的日工作时长分布在 4—8 小时；23.68% 分布在 8—10 小时；11.21% 分布在 1—4 小时；约 5% 分布在 10 小时以上。部分个体的工作时间已经超过八小时工作制的要求，因其所处行业多分布在金融和信息技术服务业，这些行业的工作大多工作压力较大，普遍要求较长的工作时间。但总体而言，还是比国内工作时长略短。

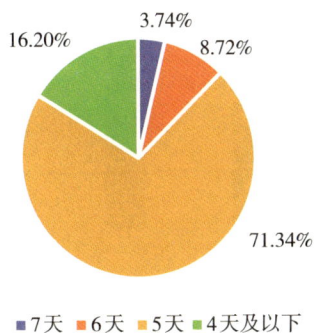

3.74%
8.72%
16.20%
71.34%

■7天 ■6天 ■5天 ■4天及以下

图5-27　留学人员海外工作周工作天数

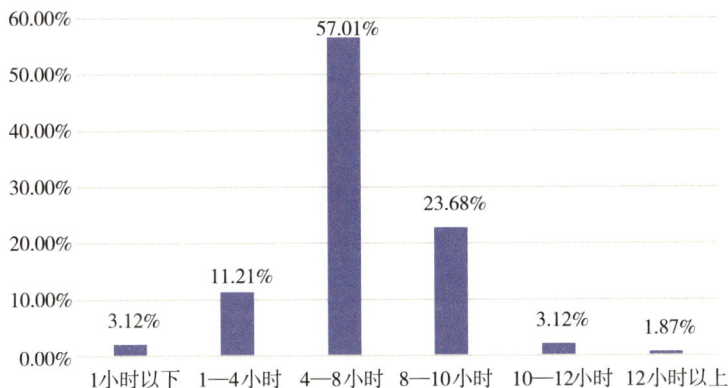

图5-28　留学人员海外日工作时长

（5）职位薪酬

留学人员海外工作获得的薪酬水平较高，图5-29显示，约27%的留学人员在海外工作的年薪分布在10万元以下；25.55%分布在10万—19万元；23.36%分布在20万—29万元；16.20%分布在

30万—49万元；8.10%分布在50万元以上。

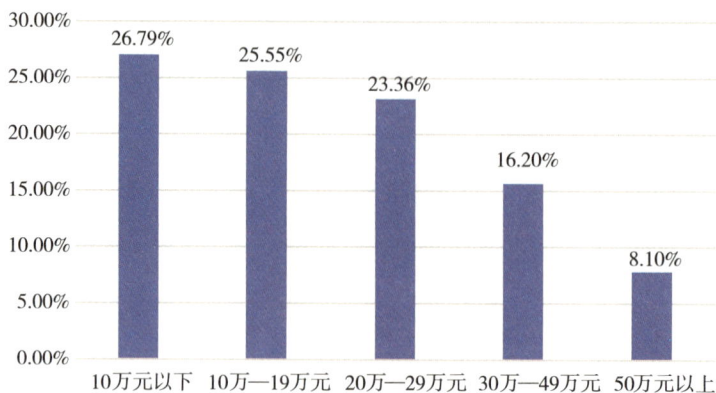

图5-29 留学人员海外工作年薪（人民币，元）

从留学人员在单位中所处的职位分布来看，图5-30显示，约70%的个体处于普通员工的职位；12.77%的个体成为基层管理者；8.41%的个体已晋升到中层管理者；2.80%的个体晋升为高层管理者。总体而言，职位分布较为集中，多处于普通员工阶层，与薪酬分布情况较为吻合。

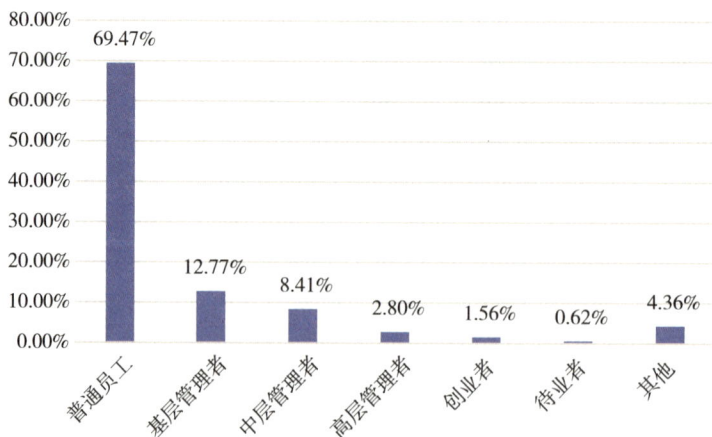

图5-30 留学人员海外工作职位

（6）工作搜寻时长与搜寻途径

从留学人员海外主要工作的搜寻时长分布来看，与毕业后在海外初次工作的搜寻时长分布具有较强的一致性，可能大多数个体毕业时间较短，当前或最近一份工作即为毕业后初次工作。具体而言，图5-31显示，约42%找到当前或最近一份工作所用的时间不到1个月；约40%的个体搜寻时长在1—3个月；近10%的个体搜寻时长在4—6个月；约8%的个体搜寻时长在半年以上。

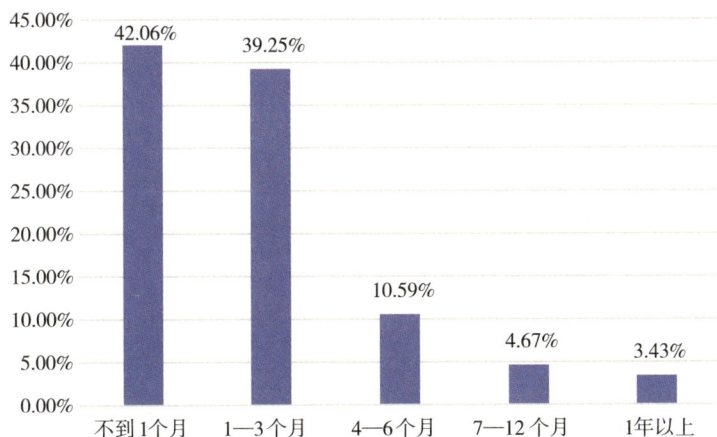

图5-31　留学人员海外主要工作搜寻时长

从搜寻途径来看，图5-32显示，主要依靠直接向用人单位申请、专业化的招聘求职网站/APP；其次是通过人才交流会或招聘会；然后是依靠学校的推荐或就业指导机构；还有是官方网站等。

6.创业情况

海外留学人员中约18%的个体曾经或正在创业，比回国留学人员创业比例低。

图5-32　留学人员海外主要工作搜寻渠道

　　图5-33显示，拥有海外创业经历的留学人员中，约22%的个体对海外创业环境的评价为非常满意；26%的个体持满意的态度；认为创业环境一般的个体约占40%；12%的个体对海外的创业环境持不满意的态度。总体而言，留学人员对海外创业环境的满意度较高，创业环境良好。与留学人员对国内创业环境满意度的分布相似。

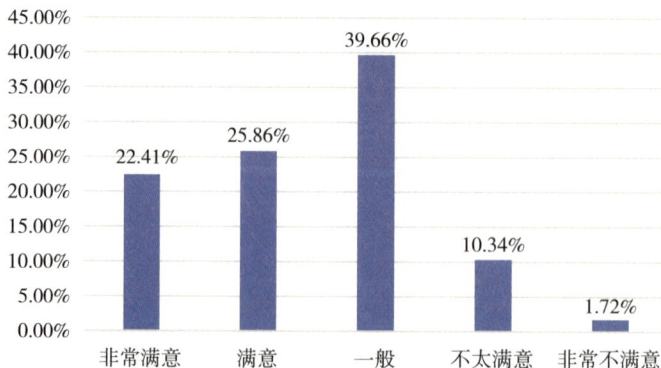

图5-33　留学人员海外创业环境满意度

从留学人员在海外创业过程中遇到的困难分布可以看出，图5-34显示，融资困难、人力成本高、研发水平有限、创业服务不到位和市场拓展困难是使创业人员感到困难的最主要的五个因素；其次是技术成果难以转化和缺乏创业经验等因素；然后是行业竞争激烈和税务成本高等。留学人员海外创业可能面临资金投入、法律法规、市场环境熟悉程度等各个方面的困难和制约。

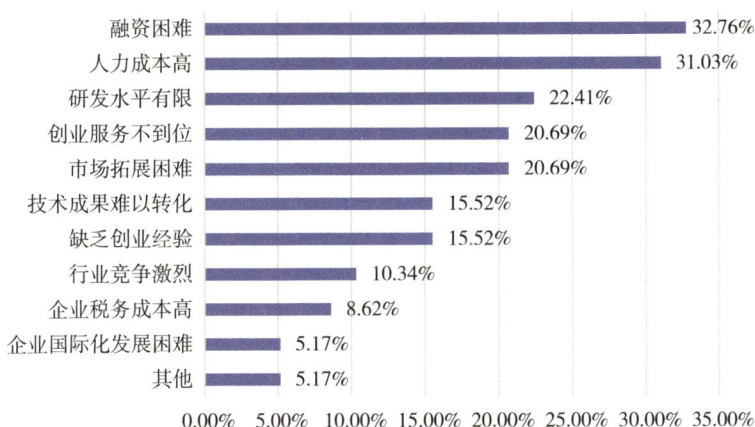

图5-34　留学人员海外创业困难

7.当前工作状态与未在业原因

从留学人员当前海外工作状态来看，图5-35显示，约19%的个体处于在业状态；19%的个体处于失业状态；62%的个体退出劳动力市场；由于大部分个体还处于在读状态，所以退出劳动力市场的比例较高。

从失业或退出劳动力市场的原因来看，图5-36显示，实习实践经验问题是最主要原因，约39%的个体是因为缺乏实习实践经验而难以找到工作；35%的个体是因一直准备升学而暂时搁置就职；其次是招聘信息渠道的限制。留学人员在海外学习时期相对较短，由于语言文化差异及身份等限制，使其获得实习机会的可能性较小。另外，留学人员再升学或专业知识等限制也是造成个体未就业的主要因素。

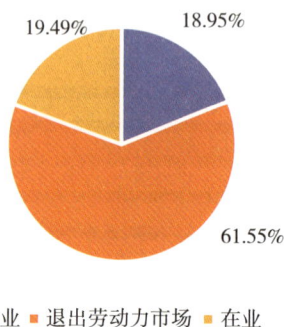

图5-35　留学人员当前海外工作状态

图5-36　海外留学人员未在业的原因

8.收入状况

图5-37显示，留学人员2022年总体收入水平的分布形态呈阶

梯下降趋势，年收入水平处于10万元以下的占比最高，约为47%；其次为年收入水平在10万—19万元之间的占比约为25%；年收入水平为20万—100万元之间的较高收入水平分布较少，合计约为27%；收入水平超过100万元的极高收入水平分布很少，仅约为1%。总体而言，留学人员在海外获得高收入水平的概率比国内更低。

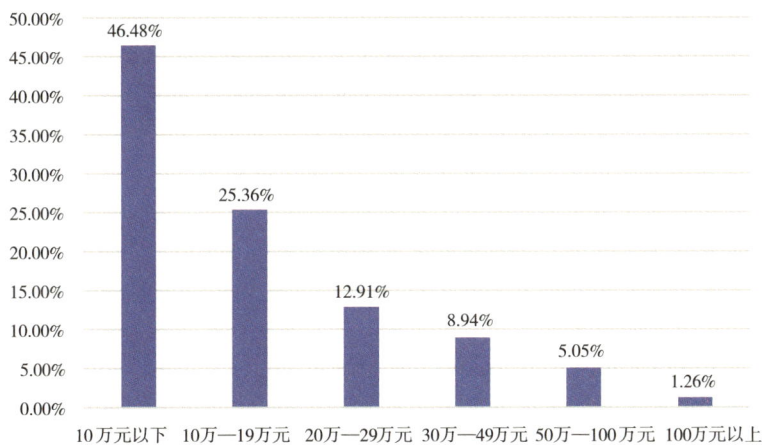

图5-37　海外留学人员2022年总收入（人民币，元）

（五）海外留学人员就业预期

图5-38显示，本部分主要对当前未就业的海外留学人员的就业预期进行分析，包括期望工作地点、期望行业、期望单位类型、期望职位、期望薪酬水平和择业要素等内容。

1.期望工作地点

图5-38显示，在海外未在业的留学人员中，约34%期望回到国内北上广深一线城市就业；24%期望留在留学地点工作；21%期望回到国内二线城市就业；15%期望留在中国其他地区就业；6%期望去其他国家就业。

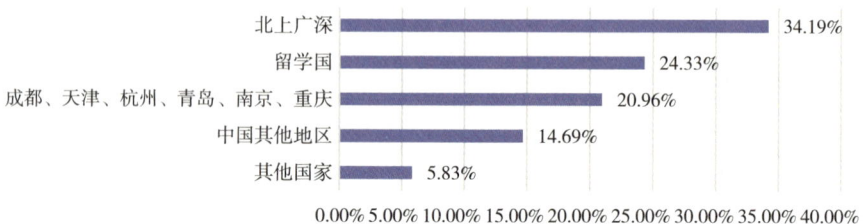

图5-38　海外未在业留学人员期望工作地点

2.期望行业

图5-39显示，留学人员最期望从事的三个行业是金融业、教育以及科学研究和技术服务业；其次是信息技术和文娱等行业。可以看出期望行业的分布与海外留学人员现实主要工作所在行业的分布基本一致，都主要集中在金融、教育、科研、信息技术等发展较为繁荣、经济回报较高的行业。

3.期望单位类型

从留学人员期望的就业单位类型来看，图5-40显示，高校和科研机构是最受欢迎的；其次是三资企业、事业单位、政府部门和国有企业等，明显地趋向于以稳定为特征的公共部门中。留学人员通常具有较高的人力资本水平，海外教育背景在高校科研机构更有优势。

金融业 21.08%
教育 15.13%
科学研究和技术服务业 13.90%
信息传输、软件和信息技术服务业 12.22%
其他 8.30%
文化、体育和娱乐业 7.40%
卫生和社会工作 5.49%
国际组织 3.81%
公共管理、社会保障和社会组织 2.58%
建筑业 2.02%
制造业 1.91%
电力、热力、燃气及水生产和供应业 1.12%
水利、环境和公共设施管理业 1.01%
房地产业 1.01%
批发和零售业 0.78%
采矿业 0.56%
交通运输、仓储和邮政业 0.56%
农林牧渔业 0.34%
租赁和商务服务业 0.34%
居民服务、修理和其他服务业 0.22%
住宿和餐饮业 0.22%

0.00% 5.00% 10.00% 15.00% 20.00% 25.00%

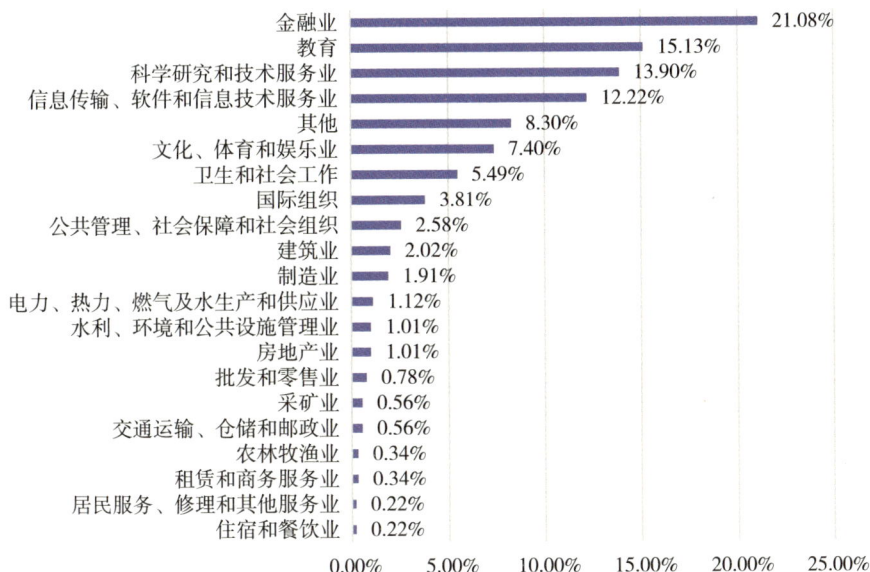

图5-39　海外未在业留学人员期望工作行业

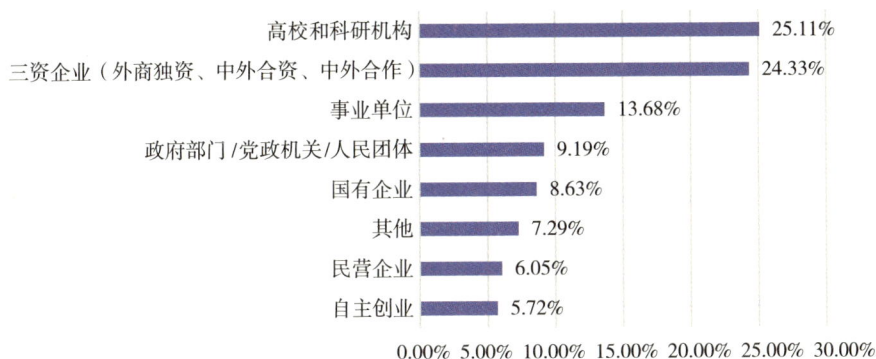

高校和科研机构 25.11%
三资企业（外商独资、中外合资、中外合作） 24.33%
事业单位 13.68%
政府部门/党政机关/人民团体 9.19%
国有企业 8.63%
其他 7.29%
民营企业 6.05%
自主创业 5.72%

0.00% 5.00% 10.00% 15.00% 20.00% 25.00% 30.00%

图5-40　海外未在业留学人员期望工作单位类型

4.期望职位

图5-41显示，海外未就业留学人员中，约21%的个体期望在

单位中做普通员工；11%的个体期望成为基层管理者；32%的个体期望晋升至中层管理者；20%的个体期望的职位是高层管理者；10%的个体期望成为创业者。总体来看，较多留学人员期望的职位是中高层管理者，对职位晋升具有较大的期待，也有不少个体期望在基层担任管理者或普通员工，职位上的攀升是个体在工作中普遍追求的目标。

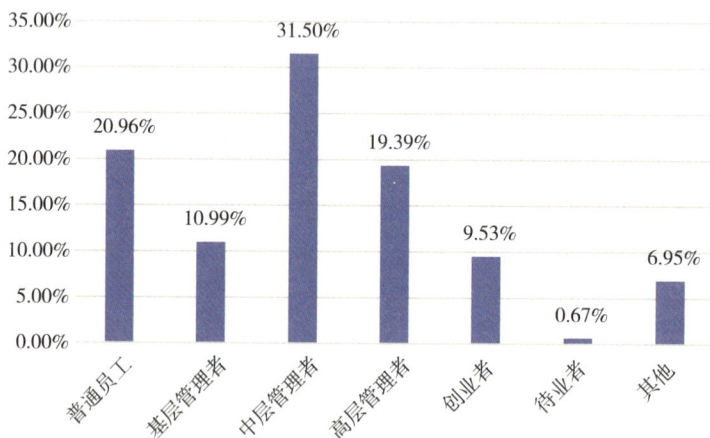

图5-41　海外未在业留学人员期望职位

5. 期望薪酬水平

图5-42显示，海外未就业留学人员中，约18%的个体期望薪资处于10万—19万元；29%的个体期望薪资能达到20万—29万元；27%的个体期望薪资处于30万—49万元；期望薪资在50万元以上的个体约占23%。总体而言，超过一半的个体期望的以人民币计的税前薪资处于20万—50万元之间。从期望薪资的分布来看，大多个体的期望薪资水平是相对可实现的理性目标，而非盲

目地追求高薪，工作与生活的平衡和适度是更为期待的状态。

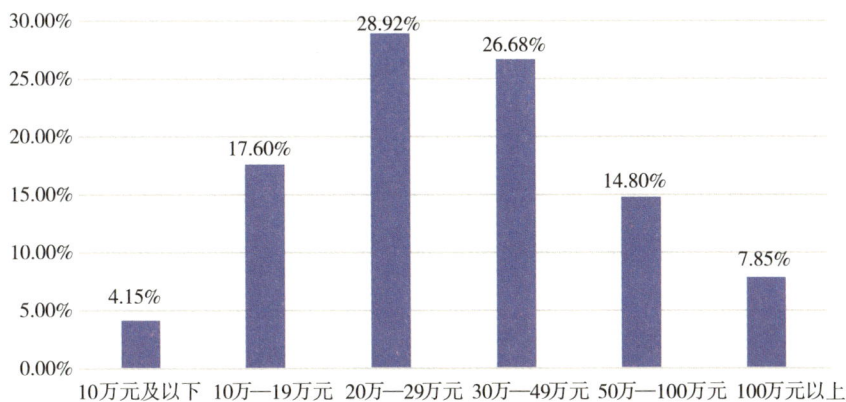

图5-42　海外未在业留学人员期望薪资

6.择业要素

图5-43显示，海外留学人员中，约45%的个体在择业时最看重的要素是薪资福利；37%的个体最看重职业发展空间；12%左右的个体关注所在地区和专业；较少个体关注单位性质等其他因素。留学个体大多在乎短期效益与长期发展，薪资福利待遇和职业发展空间成为职业选择的重要因素。

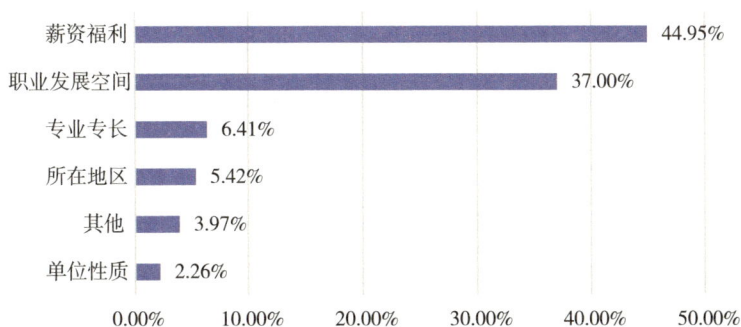

图5-43　海外留学人员择业要素

（六）海外留学人员回国意愿

当前形势下，约70.49%的海外留学人员更愿意回国工作。就留学人员的回国意愿变化情况来看，图5-44显示，约42.60%的个体回国意愿比之前有所增强；27.17%的个体更想留在国外；30.23%的个体回国意愿未发生明显变化。

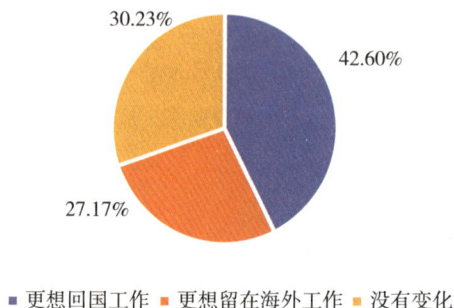

图5-44　海外留学人员回国意愿变化

当前，留学人员回国工作面临的主要困难在于：国内内卷压力大，就业竞争激烈；回国需重建社会关系网络；就业信息获取渠道有限，很难找到工作；国内职场文化，在性别、年龄等方面存在歧视或限制；国内薪资较低，工作时间较长；国内缺少资金、机会和相关政策；毕业时间与国内校招时间衔接问题，容易错过招聘季，不满足应届生身份等。

据此，提出的意见和需求包括：放宽年龄限制；增加人才扶持政策；着力发展经济，创造更多就业岗位，营造良好的劳动营商环境，落实劳动保障法律法规；提高科研人员待遇；改善加班制度，按照劳动法安排工作时间；增加更多工作岗位；提高女性工作的薪资和福利待遇等。

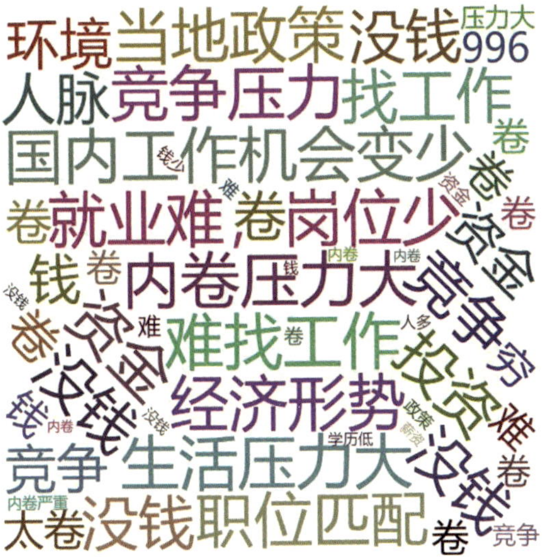

图5-45　回国工作面临困难词云图

（七）年度变化

从留学地点来看，2022年，留学人员大多选择美国；2023年，英国、德国、主流国家外的其他国家偏多。留学人员可能因为美国的政策变化而选择前往其他国家学习。

从海外工作经历来看，2023年的留学人员相比于2022年无海外工作经历的比例上升，2023年留学人员在海外找寻工作的难度上升。

从海外工作地点来看，2023年在美国工作的比例下降幅度较大，同时德国和主流国家外的其他国家上升幅度较大。

从海外工作职位来看，2023年的留学人员中约70%为普通员工，管理层几乎没有，而2022年的留学人员中的管理层占大多数。

从海外留学人员的年总收入来看，2023年留学人员的收入相比2022年普遍降低。

综合来看，2022—2023年的主要变化为留学人员的海外留学地点、海外工作的变化。留学地点不再前往热门的美国等国家，而是去英、德等国。同时留学人员找寻工作的困难度上升，工作职位、年总收入都普遍下降。

六、我国主要城市引进留学回国人员就业创业政策

为贯彻新时代人才工作的新理念，各级政府积极实施人才强国战略，制定了一些新政策，鼓励留学人员到当地就业创业，并为其开展创新创业启动支持计划。人才是城市发展的基本要素，城市之间的人才竞争仍将日益激烈，人员的多样化价值将得到更多重视。各地政府相继颁布实施了一系列人才政策，进而引发了城市间的"抢人大战"。为此，本文旨在探讨等级划分为大城市及以上的城市吸引留学人员的政策。在创业资助方面，各城市大多通过设立留学生创业园的方法，对创业园区、创业人员加强资助力度，在启动资金、税收优惠、融资服务等方面都予以大力支持。在生活补贴方面，实施了一系列相关政策，提供了如生活补助、购房补贴、租房补贴、人才公寓等福利。通过实行就业创业政策，保障了优越的创新创业环境，留学回国人员和高层次人才将得到有效集聚。

通过探究不同城市的留学回国人员引进政策及就业创业实施计划，可以对吸引海外人才流入起到一定的积极作用。由于我国人口向大城市、大都市圈集聚的趋势还在持续，人才竞争更为激烈，因而本文将主要关注大城市及以上级别的人才政策。

（一）超大城市

我国现有的城市规模划分标准的分类之一，是根据常住人口数量为统计口径，将城市划分为小城市、中等城市、大城市、特大城市、超大城市。根据《2022年城市建设统计年鉴》，全国共有超大城市9个，分别为上海、北京、深圳、重庆、广州、成都、天津、武汉、杭州。本节将围绕部分超大城市重点关注人才引进政策及创新创业资助办法。

1.北京

北京市人才引进政策一直存续并不断更新，不仅将学历价值作为参考，还将海外职业资格证书作为引进高层次人才的考量。北京市于2023年更新了《北京市境外职业资格认可目录》，覆盖范围扩大到科技、金融、新一代信息技术等12个重点发展领域，境外职业资格增加到122项，证书颁发机构涵盖英、美等15个国家和地区以及国际性组织抑或知名行业协会。目录在已有IEEE会士、IEEE高级会员、LEED会士和ACCA资深会员4项国际知名的顶尖职业资格证书的基础上，2023年新增了ACM会士、ACM杰出会员、英国皇家化学会会士3项职业资格，向全球释放首都高质量发展急需国际专业人才的重要信号，吸引鼓励相关领域国际专业人才来京工作，并为用人单位全球寻访专业人才提供了指导。中国籍人员在岗发挥作用突出，经用人单位推荐的可申请办理人才引进。符合条件的可纳入北京市高层次人才服务范围，在相关人才项目评选时作为重要参考依据[1]。

---

[1] https://www.beijing.gov.cn/zhengce/zcjd/202309/t20230904_3247400.html

除了在职业资格认可方面提供支撑，北京市还对留学人员回国创业和高层次留学人才回国资助提供支持。其中，针对对象有所不同。留学人员回国创业启动支持计划需在国（境）外获得硕士或博士学位，或具有一年以上国（境）外博士后工作经历，同时申报人应为所创办企业的法定代表人。高层次留学人才回国资助试点工作则明确提出申报人为中国国籍且需在国（境）外获得博士学位。同等条件下，择优推荐曾在国外著名高校、科研院所、跨国公司、国际组织等机构担任副教授（副研究员）以上专业技术职务或高级管理职务，并取得显著成果的留学回国人才[①]。

2. 上海

为促进上海市经济发展，发挥人才工作服务经济社会发展的积极作用，上海市于2022年6月出台了新的人才特殊支持政策，放宽留学回国人员申办落户时的社保缴费要求，开辟人才引进"绿色通道"。人才引进相关政策中涉及"平均工资"的事项仍维持现有基数标准作为参考水平；针对毕业于世界排名前50名院校的留学回国人员，取消社保缴费基数和缴费时间要求，全职来本市工作后即可直接落户；毕业于世界排名51—100名的，全职来本市工作并缴纳社保满6个月后可申办落户[②]。

[①] https://www.beijing.gov.cn/zhengce/zhengcefagui/202304/t20230423_3064157.html

[②] https://www.shanghai.gov.cn/nw4411/20220608/4fdfe626936e416084e4f0ca0d0d1113.html

此外，为了加强建设高水平人才高地，大力吸引集聚海外高层次人才和优秀留学人员，上海市出台了《上海市白玉兰人才计划浦江项目实施办法》，按照四种类型进行申报和资助，分别包含了科研开发类、企业创新创业类、社会科学类、特殊急需类。第一类是资助以高等院校、科研院所等单位为依托从事自然科学和技术研究的海外人才；第二类是资助以企业为依托从事科技创新创业的海外人才，包括创新和创业两类，其中创新类针对企业引进的海外人才，创业类针对自主创办科技企业的海外人才；第三类是资助在人文社科领域进行创新创业的海外人才；第四类是资助其他本市紧缺急需的具有特殊专长的海外人才[1]。不同类型的资助计划的申请中在海外连续学习或进修的时间有所不同，部分还需具有副高及以上职称或特殊专长。

3.深圳

为了吸引和扶持留学人员创业，深圳市加强了留学人员创业补贴资金和创业园管理。一方面，留学人员创业资助的申请主体是留学人员企业，必须指定一名在海外学习、工作3年以上的留学人员作为申请者。申请单位及指定留学人员只能获得一次创业资助。创业资助标准分为三个等级：一等资助100万元，每年资助不超过10名；二等资助50万元，每年资助不超过15名；三等资助30万元，每年资助不超过30名。另一方面，留学人员创业（产

---

[1] https://www.shanghai.gov.cn/gwk/search/content/t0035_1416209

业）园管理也是深圳市政府大力发展的重点项目，配套服务完备，有专门公共服务平台和场所，为入园留学人员企业提供政策、信息、培训、孵化、融资、法律等"一站式""一条龙"服务。同时，实施相应的扶持办法，为入园的留学人员企业提供多样化扶持政策。与金融、创投机构、贷款担保公司等建立良好稳定业务联系，为留学人员企业提供有效融资支持[1]。

在生活补贴方面，深圳对新引进人才租房和生活补贴业务进行调整。市、区人力资源部门对2021年8月31日及之前引进的人才按原规定受理租房和生活补贴申请，对2021年9月1日及之后新引进的人才不再受理发放租房和生活补贴，对在深圳全职工作的35岁以下的博士另行制定生活补贴政策[2]。

同时，深圳将不断加大人才安居保障力度，完善住房供应与保障体系。对于具有全日制本科及以上学历，或者符合深圳产业发展需要的各类紧缺人才，可按规定享受租住和购买人才住房优惠。对于高精尖缺人才，将建立人才住房封闭流转制度，规划建设一批高品质人才住房，以更大优惠力度租售[3]。

4.重庆

重庆市通过鼓励和吸引留学人员以创业带动就业、创新助力发展，加快打造更加有效的留学人才政策。《重庆市留学人员回国

---

[1] http://www.sz.gov.cn/cn/xxgk/zfxxgj/zcfg/content/post_10259844.html

[2] http://hrss.sz.gov.cn/tzgg/content/post_8811513.html

[3] https://baijiahao.baidu.com/s?id=1701010453326945043&wfr=spider&for=pc

创业创新支持计划实施办法》每年择优资助一批创业创新项目，以支持留学回国人员到渝发展。其中，"留创计划"资助分为创业和创新资助两类，每年根据项目申报情况，确定项目资助等次及总量。创业类资助分为特等、一等、二等和三等资助，分别给予50万元、30万元、20万元和10万元资助。创新类资助分为重点、优秀和启动资助，分别给予12万元、8万元和5万元资助。自2017年以来，重庆市共设立10家留学人员创业园，以更大力度吸引支持留学回国人员创新创业。同时，对年度绩效评估确定为优秀、良好、合格的园区分别按30万元/年/个、20万元/年/个、10万元/年/个的标准给予绩效奖补。

在生活补助方面，取得海外博士学位，并在海外知名高等院校、科研机构、金融机构、世界500强企业等单位具备两年以上工作经历的海外高层次人才，可以享受人才住房面积不少于100平方米。用人单位每年资助资料等经费2万元；保证其工作用车；每年提供应邀参加1次国际学术技术交流与合作的差旅费。引进人才在重庆市购买首套商品房用于本人居住的，免征契税。此外，在医疗保健、个税缴纳、配偶随迁、车辆购置等方面均有一定的支持政策①。

5.成都

根据《四川省人力资源和社会保障厅关于开展2023年度四川

---

① https://rlsbj.cq.gov.cn/zwgk_182/fdzdgknr/lzyj/xzgfxwj_1/szfgfxwj/202102/t20210226_8944675.html

省留学人员回国创业启动支持计划申报工作的通知》，成都市对于具有一年以上海外留学经历的留学回国人员，开展择优资助申报工作。对通过评审的留学人员创业企业，按重点类、优秀类、启动类分别给予每户企业30万元、20万元、10万元的一次性资助[①]。其中，重点类项目资助，主要资助留学回国人员从事国家重点攻关项目、重大技术改造项目、具有广泛应用前景的技术创新等项目；优秀类项目资助，主要资助留学回国人员主持省部级重点科技攻关或技术改造项目，或某一学科领域具有领先水平的研究开发项目；启动类项目资助，资助2018年1月1日后回国或即将回国的留学人员，从事某一学科或技术领域的研究。留学人员回国创业启动支持经费主要用于留学人员企业科研创新、知识产权申请和保护、市场开拓以及支付贷款利息、人员安置、团队建设等。

除此之外，毕业5年内处于失业状态的高校毕业生（含国家承认学历的留学回国人员）给予补贴，按每人1万元的标准进行资助。留学回国人员在落户、车辆购置、子女入学方面都享受一定的支持政策。

6.武汉

武汉市对国家级、省级科技企业孵化器、国家备案众创空间、留学人员创业园，符合规定条件的，予以税收减免。企业招用毕业年度高校毕业生，符合规定条件的，在3年内按照实际招用人数

---

① https://cdhrss.chengdu.gov.cn/cdrsj/c151957/2023-03/21/content_e7d62b037a5f4e5c9b16820e075a4da5.shtml

和每人每年7800元限额，依次扣减增值税、城市维护建设税、教育费附加、地方教育附加和企业所得税。武汉留学生创业园已经形成了光电技术中心、软件技术中心、集成电路设计中心、生物技术中心四大专业园区，累计孵化企业660家。

为充分开发人才资源，武汉市积极做好高校毕业生留汉就业创业工作。首先是减轻国内外高等院校全日制大专以上学历、毕业6年以内、本通知公布之日起在汉就业创业并正常缴纳社会保险、家庭在汉无自有住房的高校毕业生，在资格有效期内，租住人才租赁房的，按照不高于市场租金的70%缴纳租金，累计减免期限不超过3年。其中，全日制博士研究生、全日制硕士研究生分别免缴2年、1年租金，免租金额每月分别不超过2000元、1500元①。其次，还在住房方面建设青年人才之家，在稳定政策性岗位方面保持机关事业单位招聘规模总体稳定，在市场化就业方面给予企业和个人一次性就业补贴等等，实施了一系列鼓励毕业生就业创业的办法。

7. 杭州

杭州市持续加大创业就业支持力度，结合前五轮大学生创业创新三年行动计划实施情况，印发了《杭向未来·大学生创业创新三年行动计划（2023—2025）》。加大高层次留学回国人员项目扶持力度。高层次留学回国人员在杭创新创业项目，可申请3万—

---

① https://www.wuhan.gov.cn/zwgk/xxgk/zfwj/bgtwj/202206/t20220608_1983869.shtml

100万元资助；特别项目可采取综合评审的办法，给予最高500万元资助。经认定的市级留学人员创业园，给予每家100万元的一次性建园资助；认定为省级留学人员创业园的，再给予50万元一次性资助；成功创建国家级留学人员创业园的，再给予100万元一次性资助。每两年对留学人员创业园进行考核，按考核优秀、良好、合格3个等次分别给予30万元、20万元、10万元资助。为了加强支持力度，同时实施了强化金融扶持倾斜、提供创业经营场地扶持、加大创业带动就业扶持力度、支持创业陪跑空间发展等一系列措施。

对于本科、硕士海归落户，毕业2年内无须缴纳社保，可直接落户杭州，并享受"先落户后就业"政策。毕业超过2年只需要缴纳1个月社保，也可直接落户杭州。对于博士海归落户，无须缴纳社保可直接落户杭州，并且享受"先落户后就业"政策。毕业时间在2021年10月14日（含）之前的博士，补贴标准仍为5万元。杭州市还对来杭工作的应届毕业生发放租房补贴、对毕业生实施创业项目扶持、提供子女入学、申请免费浙A车牌等各方面补贴政策。

（二）特大城市

根据城市等级划分，城区人口在500万—1000万人口之间的属于特大城市。截至2022年，中国的特大城市分别包括南京、苏州、青岛、济南、长沙、西安、郑州、昆明、大连、佛山、东莞、沈阳、哈尔滨等城市。相比于超大城市，特大城市对留学人员的吸引力相对较弱，因而可能加强对人才的资助和补贴力度。本节介绍部分特大城市的做法。

8. 南京

南京市通过连续举办十五届中国留学人员南京国际交流与合作大会，促进海内外创新资源集聚。围绕"2+6+6"创新型产业集群发展，进一步加强留学人员科技创新择优资助，给予科研攻关、项目研发、安居保障等方面的支持，开展优秀留学回国人员和高成长留学人员创业企业评选，增强示范带动作用。加大引才支持力度，调动多方力量拓展引才渠道，精心组织各类对接活动招引人才[1]。例如，南京市在2023年开展了留学人员科技创新项目择优资助申报工作，吸引和鼓励更多海外人才到南京创新发展。资助对象主要是南京市各类用人单位全职引进的留学人员，从事与单位主营业务相关的科技项目研发活动，项目符合南京市产业政策，能填补相关领域空白，有明确的成果转化及经济社会效益前景；在驻宁部、省属高校院所参与实施国家和省市重大科技专项、重点研发计划项目的留学人员。根据留学人员的专业背景，科技项目的先进性、创新性、应用性和经济社会效益预期及用人单位的科研保障能力等，资助项目分为A类（重点项目）、B类（优秀项

---

[1] https://new.qq.com/rain/a/20230919A04IQI00

目）和C类（一般项目），分别给予10万元、5万元和3万元人民币的一次性资助。

入选上述项目的留学人员可申办紫金山英才卡。持卡人可享受落户、居留、社会保险、公积金、安居、健康医疗、子女教育、文化、科普、体育健身、游园、住宿、机动车注册、创办企业、税务、法律等服务以及合作银行提供的特色服务[①]。普通留学人员还可以通过南京市高校毕业生租赁补贴获得资助，博士每人每月2000元、硕士每人每月800元、学士（含高级工及以上）每人每月600元。自申请之日起5年内领取补贴，累计发放时限不超过36个月。放宽人才落户限制，取消参保时限要求，35周岁以下的大专学历毕业生在宁参保缴费即可落户，还有一次性求职创业补贴等政策促进高校毕业生就业。

9. 青岛

青岛市积极实行留学人员创业支持计划，为具有良好发展潜力的留学人员创办企业予以重点扶持。青岛市、区两级协同对入选留创计划的企业提供创业指导、资金支持、金融服务、优先推荐等多方位服务。从创业奖励支持来看，对入选留创计划企业的留学人员，从申报认定年度的次年起连续三年，每年按照其创办企业上年度在青地方综合贡献与本人在企业占股比例乘积的30%给予奖励（奖励额度=企业上年度在青地方综合贡献 × 留学人员

[①] https://rsj.nanjing.gov.cn/njsrlzyhshbzj/202305/t20230506_3904855.html?eqid=fac0325b000011d300000005647ed959

本人占股比例 × 30%）。从创业融资支持来看，对申办市创业担保贷款的留创计划企业，可免除反担保要求；对有贷款需求的留创计划企业，协助申办最高贷款余额1000万元"人才贷"服务；对有融资需求的企业，提供对接创投风投机构服务①。此外，提供创业指导和优先推荐等支持办法帮助企业迅速成长。

青岛还通过搭建"留学人才港"这一平台，使留学人员可以查询和办理多项政策与业务，为留学人才提供就业报到、补贴申领、免税购车、创办企业等优惠，提高留学人员到青岛就业创业的便利度。从国外、境外高等院校毕业三年内的本科学历留学人员；从国外、境外高等院校毕业，三年内到青岛就业创业的研究生学历留学人员，符合条件的可按照本科毕业生500元/月，硕士研究生800元/月，博士研究生1200元/月的标准，享受最长36个月的住房补贴②。

10. 长沙

为了进一步吸引更多国际化人才到长沙创新创业，长沙市推出各项资助和补贴政策，并将留学人员作为重点吸收对象。在创业扶持方面，对参加创业培训并取得资格证书的毕业生，给予一定标准的创业培训补贴，对毕业生提供一次性创业补贴，按吸纳

---

① http://www.qingdao.gov.cn/zwgk/xxgk/rlshbz/gkml/zcjd/202301/t20230105_6594097.shtml

② http://www.qingdao.gov.cn/ywdt/zwzl/zxwdpt_00/zxwdpt_10/202302/t20230224_7016436.shtmlf

劳动者就业人数补贴5000—30000元不等。青年人才在长沙市创办初创企业，创业项目符合国家产业导向、科技含量较高、具有自主知识产权、社会经济效益和市场前景良好的，均可申报优秀青年创业项目，按规定享受项目扶持资金。每年择优确定100个优秀青年创业项目，按不超过其实际有效投入的50%，给予每个项目最高50万元项目扶持资金①。长沙市经开区还单独实施了加快海外人才引进的政策措施，对在园区内创新创业的留学人员和外籍人才，从项目扶持、住房保障、学费补助、个税补贴、薪酬奖励等方面给予大力支持。其中，在园区内新创办企业，最高可获得1000万元项目扶持；对新引进的海外顶尖人才，将给予最高每年400万元的薪酬奖励。②

落户长沙并在长沙市域内工作（不含机关事业单位在编人员）的40周岁以下（含）的留学回国博士，和35周岁以下（含）、毕业2年内的硕士和学士，按照博士5万元/人/年，硕士1万元/人/年、学士6000元/人/年的标准发放，发放期限为两年。在长沙工作并首次购房的博士、硕士毕业生，还分别给予6万元、3万元购房补贴。

11. 西安

为加强西安市高层次人才智力引进力度，通过制定《西安市

---

① http://www.changsha.gov.cn/szf/zfgb/202001255_119325/201912266/202102/t20210208_9775158.html

② https://www.hunan.gov.cn/hnszf/hnyw/szdt/202103/t20210319_14893510.html

引进海外高层次人才智力项目管理办法》，给予外籍专家和中国籍海外留学回国人员两类各项补助。留学人员可申报自然科学和社会科学类两类项目，立项项目实施分档资助，按支持力度分为领军类项目、重点类项目和优秀类项目三个层次，最高资助分别为100万元、50万元、20万元。资金开支的范围包括各项费用，例如交通费、工作报酬、咨询费、生活补贴、租房费以及其他费用①。根据《"西安青年人才驿站"工作实施细则》的有关规定，毕业之日起1年内入站且在西安市企业实现就业或自主创业的青年人才可享受西安青年人才就业奖，按照博士每人2万元、硕士每人1万元的标准给予一次性奖励。

根据《西安硕博人才奖》等文件的有关规定，符合条件的硕博人才可自实现就业或创业之日起1年内申请西安硕博人才奖及硕博人才求职创业生活补贴，西安硕博人才奖按照博士每人1万元、硕士每人5000元的标准给予一次性奖励，硕博人才求职创业生活补贴博士、硕士分别按照每人每月4000元、2000元的标准计发，最长补贴期限为1年。

12. 郑州

郑州市大力引进海外留学人员，努力发展一批具有创新能力的留学人员就业创业。对留学回国人员到郑州开展科技创新活动可以申报科技活动择优资助，每年择优资助项目10个左右，按评

---

① http://xakj.xa.gov.cn/zwgk/zcwj/bmwj/63d5e4aef8fd1c4c213b2b6f.html

估结果给予每个项目一次性资助 10 万—20 万元。留学回国人员到郑州创办企业可以申报创业启动支持计划，每年资助项目 10 个左右，按评估结果给予每个项目一次性资金支持 15 万—30 万元，并对符合条件的留学人员创业园进行资金支持。同时加强创业园等平台的服务保障，提供创业场地支持最长 3 年，产生的物管、卫生、房租、水电等费用，3 年内给予不超过当月实际费用 50% 的补贴，每年补贴最高限额 2 万元。

此外，还先后出台"智汇郑州"人才政策和"郑州人才计划"系列政策，将留学回国人员纳入引才育才工作范围。加大对海外优秀人才吸引力度。对毕业 6 年内海外留学优秀人才到郑州的全日制博士研究生、硕士研究生、本科毕业生，给予每人每月 1500 元、1000 元、500 元的生活补贴，最长发放时限为 36 个月。开辟海外高层次人才认定专门通道。对新引进的拥有海外创业经验或国际知名企业任职经历的科技研发人才开辟专门通道。结合研究领域、创新成果等情况开展集中评审，优先纳入高层次人才认定范围。对郑州市企业引进的海外博士后，给予 20 万—30 万元的安家补贴。在留学回国人才体检就医、住房、子女入学等方面，按照有关政策优先给予保障①。

13. 昆明

昆明作为云南省的省会城市，在加强留学人员回国到云南省

---

① https://public.zhengzhou.gov.cn/D1102X/6796506.jhtml

创业工作方面发挥了积极作用。根据《云南省留学人员回国在滇创业支持计划实施细则》，在国（境）外获得硕士或博士学位并学习1年以上，或具有1年（含）以上国（境）外博士后工作经历的留学生均可申请，并明确分三个等次对留学人员回国在滇创业项目择优给予经费支持，一等项目给予50万元资助、二等项目给予30万元资助、三等项目给予20万元资助[①]。资助经费主要用于留学人员回国创办在滇企业的科研创新、知识产权申请和保护、市场开拓以及支付贷款利息、人员安置、团队建设等。在创业示范园区中，对主动为毕业3年内的高校毕业生创业者减免不低于6个月的场地租金等费用，并帮助其成功在创业园区注册的，按每户企业实际减免租金不超过1万元的标准，给予每个园区（基地）最高不超过20万元的一次性园区场租补贴。

毕业年度高校毕业生来昆留昆就业创业的，与用人单位签订2年以上劳动合同并依法缴纳社会保险的，分别给予博士研究生、硕士研究生、双一流高校本科生、普通高校本科生每人8000元、5000元、3000元、2000元的一次性租房补贴[②]。对在昆创业且稳定经营2年以上或在昆就业且与用人单位签订3年以上劳动合同，并依法在昆缴纳社会保险满2年的全日制博士、硕士研究生，在昆首次购买商品住房且无自有住房的，分别给予8万元、5万元的一次性购房补贴。

---

① https://hrss.yn.gov.cn/html/2023/4/11/55910.html

② https://www.km.gov.cn/c/2021-12-31/4209979.shtml

14. 沈阳

沈阳市全力抓好留学人才队伍建设的工作，积极实施了一系列引进政策。从创业资助来看，在海外取得教育部认可的博士学位，拥有自主知识产权或掌握核心技术、具有自主创新能力或创业经验、熟悉相关产业领域的留学回沈创新创业人才，给予15万元生活补贴；对海外高层次人才领衔或主持参与的在沈创新创业团队，可申报沈阳市创新创业项目，并根据现行人才政策，经认定评审后给予50万—3000万元资助①。对企业和创业团队购买科技条件平台服务机构服务的，给予最高科技服务金额60%的补贴，最高不超过20万元。科技创新专项资金对新获批的国家、省级重点科技创新平台分别给予后补助200万元、100万元资金支持。

在住房补贴方面，首先，按照博士毕业生7万元、硕士毕业生4万元、本科毕业生和技师2万元的标准，实施高校毕业生和高新技术企业人才首次购房补贴。其次，针对毕业后在沈首次就业创业的高校毕业生，按照本科每月600元、硕士每月1200元、博士每月2500元的标准享受36个月的生活补贴。另外，对在校大学生和毕业5年内的高校毕业生在沈创办企业或从事个体经营的，给予每年1万元的创业场地补贴，期限为2年②。

15. 哈尔滨

哈尔滨实施了海外人才智力引进工程。通过国家外专局引智

---

① https://www.shenyang.gov.cn/dwgk/gzdt/202112/t20211202_1793477.html
② https://rsj.shenyang.gov.cn/xwzx/rszxd/202206/t20220621_3307035.html

项目和市地方项目引智计划，吸引一批外国专家和海外人才到哈尔滨开展项目合作和技术攻关。通过国家"千人计划"、"万人计划"、留学回国人员创业启动支持计划和留学人员择优资助计划及省、市资助计划，吸引一批海外留学人员到哈尔滨创新创业。对获得国家和省留学人员回国创业启动支持计划和留学人员科技活动项目资助的留学人员，按照国家和省资助金额给予1：1的配套资助；对引进的经国家有关部门认定的具有硕士以上学历的留学人员，享受国内引进人才的同等待遇。对携带项目来哈创新创业的国内外高层次人才，经评审，按启动、优秀、重点层次分别给予5万元、10万元、15万元经费资助；对被列为市重大产业项目且在哈进行产业化、能够带来重大经济效益、形成新的经济增长点的创新创业团队给予50万至100万元资助[①]。

哈尔滨也为新毕业的留学生提供一定的生活补贴。其中，在哈企业及市县乡三级事业单位全职新引进的统招博士毕业生，每人每月发放生活补助3000元，连续发放3年；同时每人发放安家费10万元。在哈企业全职新引进毕业5年内统招本科毕业生，每人每月发放生活补助1500元，连续发放3年[②]。

（三）大城市

大城市是划分城市规模的分类之一，城区常住人口在100万以

---

① https://heec.cahe.edu.cn/news/shuangchuangzhengce/13045.html

② https://www.harbin.gov.cn/haerbin/c107194/202303/c01_734894.shtml

上500万以下的城市为大城市。其中，还可以划分为Ⅰ型大城市和Ⅱ型大城市。本节仅采用大城市作为统一标准，用于分析不同城市引进留学回国人员的就业创业政策。

16.厦门

厦门市为了聚集和引进技术能力突出和创新能力强的留学人员，以政策支持和鼓励其创办企业。例如，在国外获得硕士或博士学位，或具有一年以上国外博士后工作经历的留学人员，高层次留学人员创办高新技术企业的，可以申请享受不低于30万元创业启动资金等扶持[①]。引进到厦门市辖区范围内经工商登记注册且具有独立法人资格的企业和市区属机关、事业单位工作的高层次留学人员，可申请每月2000元的生活津贴，最长期限为五年。中国留学人员回国创业启动支持计划，人社部为重点类入选项目提供50万元资助，优秀类项目提供20万元资助。此外，为了大力引进海内外留学人才，厦门市通过"四海归鹭"留学人才活动，举办创新创业项目路演比赛，设一等奖2个，奖金各1万元；二等奖4个，奖金各6000元；三等奖6个，奖金各4000元。这一系列政策和活动为厦门市吸收留学人员和海外高层次人才提供了助力[②]。

在生活补贴方面，世界最新排名前200名大学本科（不超过30周岁）每人3万元；硕士（不超过35周岁）每人5万元；博士（不超过40周岁）每人8万元。引进到厦门市辖区范围内具有独立

[①] http://hrss.xm.gov.cn/ztzl/12333/rdwt/lxry/202112/t20211216_2608992.htm

[②] http://hrss.xm.gov.cn/xxgk/tzgg/202305/t20230518_2759671.htm

法人资格的企业和市区所属机关、事业单位工作的高层次留学人员，可领每月2000元的生活津贴，最长期限5年。留学人员在租房补贴、人才住房、子女入学、科研资助等方面也都享有一定的优惠政策。

17.太原

太原市全力推进建设区域性海外人才集聚高地，鼓励和吸引优秀海外人才到太原创新创业。在留学人员创业园设立"留学人员创新创业专项资金"，纳入综改区财政年度预算，每年度安排不低于2000万元人民币用于鼓励和扶持留学人员来综改区创新创业。专项资金主要用于留学人员创新创业启动支持计划、留创园场地房屋租赁、物业、冷暖空调等相关费用支出以及留创园创新创业环境和氛围营造。支持计划分为创新类和创业类，创新类项目要求创业团队具备一定的科技创新能力，创业类项目一般支持从事跨境电商、文化创意、艺术设计以及其他新业态领域经营活动。创新类项目给予20万—100万元创业启动资助。对年度考核合格的留学人员企业还予以房租补贴，补贴面积不大于200平方米，补贴期限不超过3年[①]。

世界排名前200名大学的留学人员到太原市工作的补贴包括生活补助、购房补贴、租房补贴和学费补贴等等。一是生活补助，博士研究生、硕士研究生、本科生每月分别为5000元、3000元、

---

① https://www.shanxi.gov.cn/zfxxgk/zfcbw/zfgb2/2021nzfgb_76606/d12q_76618/szfbmgfxwj_77944/202302/t20230210_7955630.shtml

1500元，补贴时间为5年。二是租房补贴，硕士研究生、本科生每月分别为1200元、1000元，高技能人才为每月1000元，补贴时间为2年。三是学费补贴3万元，分两次发放，来并工作当年发放18000元，工作满3年发放12000元。四是购房补贴，博士研究生、硕士研究生、本科生分别为20万元、10万元和5万元，一次性发放①。太原市设立吸引海外留学人员创业专项资金，主要用于高层次留学人员的科研启动经费，短期回国讲学、技术服务、学术交流、项目合作等的国际旅费，优秀留学人员的奖励经费和高层次留学人员购买住房补贴。

18.合肥

合肥市实施了留学回国人员创新创业扶持计划，包括"留学人员创新项目择优资助计划"和"留学人员来肥创业启动支持计划"两类，要求申请人回到国内时间不超过5年、年龄在40周岁以下。留学回国人员应在境外取得硕士及以上学位，或在海外高校、科研机构、企业有2年以上正式教学、科研和工作经历。入选前一个项目的，申报项目应能够直接服务于合肥市主导产业或战略性新兴产业发展，分三个档次分别给予10万元、15万元和20万元资助。入选后一项目的，一般要由留学人员担任企业法定代表人，技术创新强，具有良好的市场应用前景，分三个档次分别给予20万元、30万元和50万元资助②。在初始创业补贴方面，毕业

① https://rsj.taiyuan.gov.cn/tzgg22/20220909/1238848.html

② https://rsj.hefei.gov.cn/zxzx/tzgg/14698653.html?ivk_sa=1024320u

2年内的毕业生，首次创办小型微型企业（须是企业的法定代表人或主要负责人）正常运营6个月以上并连续缴纳社会保险6个月以上，可申请享受1万元初始创业补贴①。

新来合肥市重点产业链企业、专精特新企业、新型研发机构就业且在合肥无自有住房的留学人员，可分别按照博士90平方米、硕士70平方米、本科50平方米标准免费租住国有租赁公司房源3年。自行租住的，3年内按相应标准给予住房租赁补贴②。

19.无锡

无锡市借助欧美同学会海归小镇的力量，从多个维度和一系列政策给予海归人才创新创业在全方位、各阶段的全链支持。根据政策，归国创业人才最高可获得5亿元资金支持。江苏银行还特设了额度不低于20亿元的海归小镇专项金融支持基金，为海归创业人才提供全生命周期的金融服务③。对到无锡创业的海内外高校毕业生，给予6000元的一次性开业补贴和为期三年、每年最高1万元的租金补贴；其项目符合"太湖人才计划"创新创业条件的，给予最高300万元项目支持；入选"太湖人才计划"的，给予最高1000万元的"人才贷"支持。

海外留学人员同样可参与无锡市干部人才队伍选调计划。无

---

① https://www.hefei.gov.cn/wdzsk/yssj/202306/318df255f666458ea82f9346dcaf52d2.shtml

② https://www.hefei.gov.cn/ssxw/ztzl/zt/hfqnl/index.html

③ https://www.wuxi.gov.cn/doc/2023/05/22/3963093.shtml

锡市本级企事业单位面向THE世界排名前200名国外高校全日制硕博研究生，其中THE世界排名前100强高校可放宽到全日制本科生。市县区级事业单位面向THE世界排名前200名的国外高校全日制本科及硕博士研究生[1]。全球高校排名前100强或所学学科排名前20强（不含中外合作办学）的应届毕业生可以获得相应的生活补贴，学士1万元、硕士2万元、博士3万元[2]，租房补贴为本科每年1万元、硕士每年1.5万元、博士每年2万元，累计支持两年。

20.南昌

为鼓励海外留学人员到南昌创业，南昌市创建红谷滩、高新、经开、小蓝四个留学人员创业园区。在租金补贴方面，市级财政与县（区、开发区）财政按1∶1的比例分摊留创园实际免租面积部分的租金（含房屋租金和物业管理费）。在管理经费补贴方面，市级财政按照每进驻1家留学人员企业给予1万元的标准，核拨留创园管理经费补贴，每个留创园每年管理经费补贴不超过20万元。留学人员创办企业入驻留创园的，100平方米以内的办公场所三年内免租金，第四五年按市场价的50%缴纳租金；留学人员认定为南昌市A类、B类、C类、D类高层次人才的，可享受五年200平方米以内（含200平方米）的免租金待遇[3]。

① https://mp.weixin.qq.com/s/ps9c-rrC4x0moGoubF2Uyw

② http://hrss.wuxi.gov.cn/doc/2023/07/04/4002288.shtml

③ http://rsj.nc.gov.cn/ncsrsj/tzgg/202307/ca0915f8b7dd4e109397706c897aa5e4/files/0b6e4e72900b46a5981eb29a4e9908c5.pdf

入驻留创园的留学人才可优先租用县（区、开发区）配套建设的人才公寓，具体按照各县区、开发区人才公寓管理实施细则执行。同时，给予留学人员和技能人才落户奖励、生活补贴、购房补贴、创业扶持、租住人才公寓等政策；给予驻昌院校工作经费补贴；给予驻昌企业提供就业岗位补贴。对符合条件的全日制博士、硕士研究生，在昌首次购买商品住房的，分别给予10万元、6万元购房补贴①。

21.南宁

南宁市出台了系列优惠政策鼓励更多人才创业，留学回国人员与其他国内高校毕业生同等享受相同的政策和待遇。例如，留学人员创业可进入创业孵化基地。一是与创业孵化基地签订场地租用合同的孵化企业，可按实际发生成本申请场地、水电和物业补贴，补贴标准最高不超过1500元/户/月（三项合计），补贴期限最长不超过2年；二是对入孵后正常经营满1年、期间依法缴纳社会保险费的孵化企业，给予5000元/户的一次性创业补贴；三是对入孵后新吸纳人员就业（该人员的劳动合同或劳务协议签订日期须在入孵协议签订日期之后，劳务派遣人员除外）并为其缴纳企业职工社会保险费满3个月的孵化企业，按2000元/人的标准给予一次性带动就业补贴。同时，基地还会针对初创企业提供创业指导、事务代理、融资对接等服务，全方位帮助孵化企业成长②。

---

① https://m.thepaper.cn/baijiahao_8001351

② https://rsj.nanning.gov.cn/zwgk/fdzdgknr/tadf/t5276881.html

毕业五年内的留学回国人员，在南宁市创业可以申请最高20万元、最长三年的国家创业担保贷款，政府给予部分贴息，而且不用反担保。留学回国人员创办了小微企业，其小微企业符合条件的，可以申请最高300万元的贴息贷款。

不同层级的海外人才享有相应的优惠政策。高层次人才认定不受国籍、户籍限制，认定后人才可按规定享受购房补贴、子女入学、医疗优诊等高层次人才待遇。符合条件的留学回国青年人才申领生活补助。新引进至《南宁市产业发展急需紧缺人才企业名录》之列的岗位工作并符合相关条件的留学回国人才，可以申领1万—25万元的生活补助。

七、国内重点产业急需紧缺人才分析

（一）战略性新兴产业

（二）其他重点产业

（三）急需紧缺人才状况比较

习近平总书记在党的二十大报告中强调，"必须坚持科技是第一生产力、人才是第一资源、创新是第一动力，深入实施科教兴国战略、人才强国战略、创新驱动发展战略，开辟发展新领域新赛道，不断塑造发展新动能新优势"。国家发展靠人才，民族振兴靠人才。教育、科技、人才是全面建设社会主义现代化国家的基础性、战略性支撑。深入实施人才强国战略，是实现科技自立自强的重要命题，是推进中国式现代化的重要战略考量，更是实现中华民族伟大复兴的重要保障。

当前，世界百年未有之大变局加速演进，新一轮科技革命和产业变革深入发展，国际力量对比深刻调整，国与国之间的竞争归根结底是人才竞争。"人才是第一资源"的理念已经深入人心，人才资源是支撑我国提升综合国力、赢得国际竞争、实现民族振兴的最重要和最可靠的战略资源。为我国的科技创新和产业结构升级提供了关键支撑。在信息技术、生物技术等战略性新兴产业中急需大量高水平人才的参与。

近年来，我国人才队伍建设成果卓著。在高层次人才存量上，截至2022年年底，全国享受政府特殊津贴人员累计18.7万人，百千万人才工程国家级人选6500余人。全国共有博士后科研工作站4273个，博士后科研流动站3352个，累计招收培养博士后33万余人。在海外人才引进方面，21世纪初，我国出国留学人员回国比例不到15%，目前这一比例已经达到85%以上。"十四五"时期到2035年，我国将处于黄金发展期，会享受到更多的人才回流红利。截至2022年年底，全国共有留学人员创业园372家，省部共建留学人员创业园54家，入园企业超过2.5万家，9万名留学人员在园就业创业。①

本章根据国家统计局发布的《战略性新兴产业分类》，②并结合不同地区制定的重点领域或重点产业目录，对各地急需紧缺人才需求情况进行分析。

（一）战略性新兴产业

战略性新兴产业是以重大技术突破和重大发展需求为基础，是引导未来经济社会发展的重要力量。发展战略性新兴产业对经济社会全局和长远发展具有重大引领带动作用，已成为世界主要国家抢占新一轮经济和科技发展制高点的重大战略。我国历来重视发展战略性新兴产业，2010年出台的《国务院关于加快培育和发展战略性新兴产业的决定》明确提出"抓住机遇，加快培育和发展战略性新兴产业"。党的二十大报告进一步明确了新时代我国战略性新兴产业的方向和模式，即"推动战略性新兴产业融合集群发展，构建新一代信息技术、人工智能、生物技术、新能源、新

---

① 2022年度人力资源和社会保障事业发展统计公报（mohrss.gov.cn）。
② 2018年10月12日，国家统计局通过了《战略性新兴产业分类（2018）》，该分类规定的战略性新兴产业包括：新一代信息技术产业、高端装备制造产业、新材料产业、生物产业、新能源汽车产业、新能源产业、节能环保产业、数字创意产业、相关服务业等九大领域。

材料、高端装备、绿色环保等一批新的增长引擎"。战略性新兴产业具有知识技术密集、物质资源消耗少、成长潜力大、综合效益好等特点。各地将加快培育和发展战略性新兴产业作为推进产业结构升级、加快经济发展方式转变、推进现代化建设的重大举措。

1. 新一代信息技术

新一代信息技术包括下一代信息网络产业、电子核心产业、新兴软件和新型信息技术服务、互联网与云计算及大数据服务、人工智能等领域。

教育部发布的《制造业人才发展规划指南》提出要"加强面向先进制造业的信息技术应用人才培养，强化企业专业技术人员和经营管理人员在研发、生产、管理、营销、维护等核心环节的信息技术应用能力"。在2025年制造业十大重点领域人才需求和预测中，工业互联网等新一代新兴技术产业的人才需求总量和缺口都位居榜首。

"建设高水平人才高地"是党中央对北京人才工作提出的重要战略要求。当前，北京正在大力推进国际科技创新中心建设、推进国家服务业扩大开放综合示范区和中国（北京）自由贸易试验区建设、发展数字经济、深入推动京津冀协同发展。北京市人力资源和社会保障局发布的《国家服务业扩大开放综合示范区和中国（北京）自由贸易试验区建设人力资源开发目录（2023年版）》，由《重点产业领域人力资源开发目录》和《技能人才急需紧缺职业（工种）目录》构成。其中，《重点产业领域人力资源开发目录》包括15个行业大类、52个人力资源开发核心领域、128个人力资源开发重点方向，共列举了278个人力资源开发代表岗位。针对每个人力资源开发核心领域，从人力资源供需匹配难度、培养难度和转岗难度等3个维度进行了综合评级。星级越高，人力资源综合紧缺程度越高，开发价值也越高。最高是5星级，有5G技术研发与应用、芯片设计、量子计算技术研发等15个人力资源开发核心领域获得5星评级。表7-1中仅列出部分紧缺岗位。

表7-1　2023年国家服务业扩大开放综合示范区和中国（北京）自由贸易试验区新一代信息技术等领域人力资源开发目录

行业大类	人力资源开发核心领域	人力资源开发代表岗位	人力资源开发评级	年薪中位数参考值（万元）
新一代信息技术	5G技术研发与应用	5G研发工程师、5G解决方案工程师、光通信工程师、无线射频工程师、通信算法工程师、5G性能优化工程师等	☆☆☆☆☆	42.6
	千兆光网技术研发与应用	光纤研发工程师、光模块工程师、无线局域网芯片研发工程师、千兆光网标准认定工程师等	☆☆☆☆	28.8
	传感器研发	多传感器融合工程师、传感器开发工程师、传感器测试工程师、传感器应用工程师等	☆☆☆☆	35.5
	卫星互联网技术研发	遥感卫星数据系统设计师、遥感图像算法工程师、卫星通信工程师、气象海洋算法工程师、全球卫星导航系统算法工程师、光学工程师、天线工程师、频率工程师、低轨专网总体设计师、测运控系统工程师等	☆☆☆☆	28.1

续表1

行业大类	人力资源开发核心领域	人力资源开发代表岗位	人力资源开发评级	年薪中位数参考值（万元）
新一代信息技术	量子计算技术研发	量子算法工程师、量子计算工程师、量子指令集设计师、射频开发工程师、量子计算测控软件研发工程师等	☆☆☆☆☆	53.7
	物联网技术研发与应用	物联网架构师、物联网定位技术专家、射频工程师、物联网售前技术顾问、无线感知一体化设备研发工程师、无线感知一体化设备测试工程师、感知设备及系统标准研究和制定工程师、无线感知一体化设备及系统解决方案工程师等	☆☆☆☆	27.7
	下一代互联网技术研发与应用	IPv6网络工程师、IPv6系统架构工程师、IPv6核心路由器研发工程师、DNS研发工程师、SDN网络研发工程师、交换机研发工程师、数据通信测试工程师等	☆☆☆	27.1
集成电路	EDA工具研发	编译器开发工程师、EDA平台开发工程师、EDA软件研发工程师等	☆☆☆☆☆	40.8
	集成电路材料研发	微纳半导体器件与工艺开发工程师、半导体建模工程师、半导体材料研发工程师等	☆☆☆☆	27.2
	芯片设计	IC设计工程师、模拟IC设计师、模数混合IC设计师、嵌入式工程师、FPGA工程师、CPU架构师等	☆☆☆☆	36.8
	芯片制造	高级光刻工程师、芯片工艺工程师、刻蚀工艺工程师等	☆☆☆☆	25.7
	芯片封装测试	芯片封装工程师、芯片测试工程师、IC验证工程师等	☆☆☆	24.9

续表2

行业大类	人力资源开发核心领域	人力资源开发代表岗位	人力资源开发评级	年薪中位数参考值（万元）
软件和信息服务	工业互联网研发与应用	边缘计算工程师、工业自动化工程师、AR软件工程师、AR产品经理、数字孪生标准化工程师等	☆☆☆☆☆	39.8
	北斗导航与位置服务	卫星导航算法工程师、卫星应用方案策划专家、全球卫星导航系统开发工程师、高级卫星导航抗干扰算法工程师等	☆☆☆☆☆	36.4

资料来源：《国家服务业扩大开放综合示范区和中国（北京）自由贸易试验区建设人力资源开发目录（2023年版）·重点产业领域人力资源开发目录（2023）》，北京市人力资源和社会保障局 https://rsj.beijing.gov.cn/xxgk/tzgg/202309/t20230901_3241746.html.

2.高端装备制造产业

新一代信息技术与制造业深度融合，正在引发影响深远的产业变革，形成新的生产方式、产业形态、商业模式和经济增长点。各国都在加大科技创新力度，推动三维（3D）打印、移动互联网、云计算、大数据、生物工程、新能源、新材料等领域取得新突破。基于信息物理系统的智能装备、智能工厂等智能制造正在引领制造方式变革；网络众包、协同设计、大规模个性化定制、精准供应链管理、全生命周期管理、电子商务等正在重塑产业价值链体系；可穿戴智能产品、智能家电、智能汽车等智能终端产品不断拓展制造业新领域。我国制造业转型升级、创新发展迎来重大机遇。

2023年7月，《苏州市2023年度重点产业紧缺专业人才需求目录》发布。该目录将先进制造业领域的16个重点产业以及新兴服务业领域的10个重点产业列入重点调研产业，共163个重点发展方向，产业覆盖面进一步扩大。依据紧缺专业人才需求指数模型对调查数据进行测算，最终确定677个紧缺专业类别、1796条紧缺岗位信息。

为持续抢抓"一带一路""长三角一体化""自贸区"等国家重大战略机遇，有效推进"沪苏同城化"进程，苏州市全力构建"十四五"产业发展新格局，产业发展与人才的适配要求显得尤为突出。根据《苏州市2023年度重点产业紧缺专业人才需求目录》，苏州当前和未来一段时间对电子信息类、机械类、计算机类、化学类、材料类等专业人才需求较为迫切，企业岗位多，金融类、管理类人才市场需求也较为旺盛，这和苏州目前的四大产业创新集群建设需求相吻合。

具体到新型显示产业的紧缺人才需求目录来看，新型显示产业重点发展方向包括：玻璃基板、超薄导光板、偏光片、液晶面板、显示终端、新型显示设备。对人才需求的岗位普遍集中在工程师一类，还有少数属于管理岗位。学历大多数只要求本科即可，少数岗位需要硕士和博士，且相关工作年限均需要3年及以上。

表7-2 苏州市2023年度先进制造业之新型显示产业
紧缺专业人才需求目录（紧缺指数=5）

紧缺专业	岗位名称	学历要求	岗位年薪（万元）	相关工作年限要求
电子信息类	系统架构师	硕士	50	4
	测试开发工程师	硕士	40	5
	工艺研发工程师	硕士	30	3
机械类	测试开发工程师	硕士	40	5
	工艺研发工程师	硕士	30	3
	生产运营管理专家	本科	37.5	9
计算机类	系统架构师	硕士	50	4
	产品工程师	本科	30	4
	电子设计工程师	本科	30	3
	硬件研发工程师	本科	26	3
自动化类	自动化工程师	本科	20.5	4
	电气工程师	本科	20	3
	技术服务工程师	本科	20	4

说明：此处仅以新型显示部分紧缺专业且紧缺指数=5的岗位为例，其余从略。

资料来源：《苏州市2023年度重点产业紧缺专业人才需求目录》，苏州市人力资源和社会保障局 http://hrss.suzhou.gov.cn/jsszhrss/bjdt/202307/489f5476940a4074a380f0c3dd34e229.shtml.

《杭州市重点产业紧缺人才需求目录（2022年）》中，高端装备制造产业紧缺人才需求情况如表7-3所示。高端装备制造产业对紧缺人才的学历限制较为宽松，本科学历、大专学历均可。其中，对紧缺人才的需求还主要分布在机械工程师、技术支持工程师及各类软件开发工程师等岗位上，专业要求也多集中于机械、计算机、自动化等理工类别，进一步展现了杭州市制造产业的紧缺人才特征。

表7-3　2022年杭州市高端装备制造产业紧缺人才需求目录

岗位名称	任职要求		起薪范围（万元/年）	紧缺程度
	学历要求	专业要求		
结构设计工程师	本科	机械、机电、自动化等相关专业	15—30	非常紧缺
设备工程师	本科	机械、机电、自动化等相关专业	8—25	非常紧缺
智能驾驶系统工程师	本科	计算机、软件工程、电子电气、车辆工程等相关专业	20—50	非常紧缺
自动化工程师	本科	自动化、机电、机械等相关专业	10—30	非常紧缺
机械设计工程师	本科	机械、机电、自动化等相关专业	18—30	非常紧缺
机器视觉工程师	本科	计算机、自动化、机械等相关专业	18—35	非常紧缺
机器人算法工程师	硕士	计算机、自动化、机械、信息等相关专业	15—45	非常紧缺
电气工程师	本科	电气、机械、机电、自动化等相关专业	10—25	非常紧缺
机械工程师	本科	机械、机电、自动化、车辆等相关专业	11—20	非常紧缺
测试工程师	本科	计算机、自动化、机械等相关专业	12—18	非常紧缺
技术支持工程师	大专	机械、机电、自动化等相关专业	10—25	非常紧缺

岗位名称	任职要求		起薪范围（万元/年）	紧缺程度
	学历要求	专业要求		
电池测试工程师	本科	电化学、材料等相关专业	14—25	非常紧缺
Java开发工程师	本科	计算机、软件、自动化等相关专业	16—45	非常紧缺
产品经理	本科	机械、机电、自动化、车辆等相关专业	20—55	非常紧缺
品质经理	大专	机械、理工等相关专业	8—20	非常紧缺
C++开发工程师	本科	计算机、软件、自动化等相关专业	12—40	非常紧缺
动力系统设计	本科	车辆、机械、动力工程、能源等相关专业	24—50	非常紧缺
工艺工程师	本科	机电、电气、自动化等相关专业	8—25	非常紧缺
车身工程师	本科	车辆、机械、自动化等相关专业	16—30	非常紧缺

资料来源：《杭州市重点产业紧缺人才需求目录（2022年）》，杭州市人力资源和社会保障局http://hrss.hangzhou.gov.cn/art/2023/2/1/art_1229125918_4136924.html。

3.新材料产业

新材料是指新出现的具有优异性能和特殊功能的材料，以及传统材料成分、工艺改进后性能明显提高或具有新功能的材料，是支撑国民经济发展的基础产业。根据国家统计局公布《战略性新兴产业分类（2018）》，新材料产业主要包括先进钢铁材料、先进有色金属材料、先进石化化工新材料、先进无机非金属材料、高性能纤维及制品和复合材料、前沿新材料、新材料相关服务等7大领域。我国新材料行业加速赶超趋势明显。

当前我国正处于工业转型升级的关键期，很多设备、应用都离不开材料的支撑，新材料产业是实施制造强国战略的重要基础。目前我国已初步形成"东部沿海集聚、中西部特色发展"的空间格局，长三角、珠三角、环渤海等地区在不同领域具备一定优势。

根据《杭州市重点产业紧缺人才需求目录（2022年）》，新材料产业紧缺人才需求情况如表7-4所示。岗位类别较多，涉及研发工程师、材料工程师、材料检测工程师等岗位。新材料产业对急需人才的学历要求普遍集中在本科、硕士及以上，少数岗位只需大专文凭。

表7-4 杭州市2022年新材料产业大类高端紧缺人才需求目录

岗位类别	任职要求			起薪范围（万元/年）	紧缺程度
	学历要求	工作经验要求	专业要求		
研发工程师	硕士	1—3年	化学化工、高分子、材料等相关专业	14—25	非常紧缺
材料测试工程师	本科	1—3年	化学化工、高分子、材料等相关专业	8—20	非常紧缺
设计工程师	本科	1—3年	机械、材料等相关专业	9—20	非常紧缺
产品质量工程师	大专	1—3年	化学化工、高分子、材料等相关专业	8—15	非常紧缺

续表1

岗位类别	任职要求			起薪范围（万元/年）	紧缺程度
	学历要求	工作经验要求	专业要求		
高分子材料工程师	硕士	1—3年	高分子、材料、化学化工等相关专业	12—25	非常紧缺
膜材料工程师	本科	1—3年	高分子、材料、化学化工等相关专业	10—25	非常紧缺
纳米材料工程师	博士	1—3年	化学化工、高分子、材料等相关专业	16—30	非常紧缺
金属材料工程师	本科	1—3年	材料等相关专业	9—25	非常紧缺
碳纤维研发	硕士	4—6年	高分子、材料、化学化工等相关专业	18—40	非常紧缺
水处理工程师	本科	1—3年	环境工程、给排水、化学化工等相关专业	8—20	非常紧缺
材料检测工程师	本科	1—3年	机械、仪器分析、材料、化学化工等相关专业	6—15	非常紧缺
有机硅工艺工程师	硕士	7—9年	高分子、材料、化学化工等相关专业	35—72	非常紧缺
生物材料研发	本科	1—3年	高分子、材料、化学化工等相关专业	11—25	非常紧缺
项目管理工程师	本科	4—6年	理工类等相关专业	12—30	非常紧缺
磁性材料研发	本科	1—3年	材料等相关专业	9—25	非常紧缺
负极材料工程师	硕士	1—3年	化学化工、材料等相关专业	10—30	非常紧缺
银浆研发工程师	本科	7—9年	材料、化学化工等相关专业	16—40	非常紧缺

续表2

岗位类别	任职要求			起薪范围（万元/年）	紧缺程度
	学历要求	工作经验要求	专业要求		
聚烯烃研发工程师	硕士	1—3年	材料、高分子、化学化工等相关专业	12—40	非常紧缺
警戒工程师	本科	1—3年	医学、药学等相关专业	8—15	非常紧缺
IE工程师	本科	4—6年	工业工程、化工等相关专业	10—25	非常紧缺
无损检测工程师	大专	4—6年	化学化工、机械等理工类相关专业	8—25	非常紧缺

资料来源：《杭州市重点产业紧缺人才需求目录（2022年）》，杭州市人力资源和社会保障局 http://hrss.hangzhou.gov.cn/art/2023/2/1/art_1229125918_4136924.html.

　　2023年，郑州市以产业发展需求为导向，结合郑州市经济发展现状与产业发展规划，编制了《郑州市重点产业急需紧缺人才需求指导目录》。该目录涉及郑州市优势产业、新兴产业、未来产业等11个重点产业、240余个行业、422个急需紧缺岗位，具体包括电子/信息技术、高端装备制造、汽车及零部件、新材料、现代食品与农业、生物医药、节能环保、家居服装、现代金融、现代文旅、现代物流等11个重点产业。其中，新材料产业人才需求情况如表7-5所示。

表7-5 郑州市2023年新材料产业急需紧缺人才需求指导目录

岗位名称	急需紧缺指数	年工资薪金参考	学历要求	专业门类	专业类别
超硬材料研发工程师	★★★★★	25万元及以上	博士研究生	工学	材料科学与工程
高分子材料产品研究员	★★★★★	25万元及以上	博士研究生	工学	材料科学与工程
硅片抛光材料研发工程师	★★★★★	25万元及以上	博士研究生	工学	材料科学与工程
气凝胶研发工程师	★★★★★	25万元及以上	博士研究生	工学/理学	材料科学与工程、化学工程与技术
无机非金属材料研发工程师	★★★★★	25万元及以上	博士研究生	工学	材料科学与工程
材料仿真分析工程师	★★★★★	20万元及以上	博士研究生	工学	材料科学与工程
电池正负极材料研发工程师	★★★★★	20万元及以上	博士研究生	工学	材料科学与工程、化学工程与技术
航空航天新材料研究员	★★★★★	20万元及以上	博士研究生	工学	材料科学与工程
锂电池材料研发工程师	★★★★★	20万元及以上	博士研究生	工学	材料科学与工程
聚乙烯纤维研发工程师	★★★★★	20万元及以上	硕士研究生及以上	工学	材料科学与工程

说明：以上仅展示了紧缺程度为5星的岗位，其余从略。

资料来源：《郑州市重点产业急需紧缺人才需求指导目录（2023）》，郑州市人力资源和社会保障局 https://zzrs.zhengzhou.gov.cn/tzgg/7854808.jhtml.

4.生物产业

21世纪是生命科学的时代，生物技术在医疗保健、农业、环保、轻化工、食品等重要领域对改善人类健康与生存环境、提高农牧业和工业产量与质量等方面都开始发挥越来越重要的作用。《战略性新兴产业分类（2018）》将生物产业具体划分为生物医药产业、生物医学工程产业、生物农业及相关产业、生物质能产业和其他生物业5类。近年来，全球范围内生物技术和产业呈现加快发展的态势，主要发达国家和新兴经济体纷纷对发展生物产业作出部署，作为获取未来科技经济竞争优势的一个重要领域。2022年5月10日，国家发展和改革委员会发布《"十四五"生物经济发展规划》，明确要在生物医药、生物农业、生物质替代应用及生物安全四大重点领域优先发力，引导创新资源向京津冀、长三角、粤港澳大湾区集聚发展。

从《杭州市重点产业紧缺人才需求目录（2022年）》来看，生物产业紧缺人才需求情况目录如表7-6所示。岗位类别较多，涉及医药研发、临床数据分析、学术推广等岗位。生物产业对急需人才的学历要求普遍集中在本科、硕士及以上，少数岗位只需大专文凭。

表7-6　2022年杭州市生物产业紧缺人才需求目录

岗位类别	任职要求			起薪范围（万元/年）	紧缺程度
	学历要求	工作经验要求	专业要求		
医药研发	博士	1—3年	医药、药学、化学化工等相关专业	25—50	非常紧缺
临床数据分析	本科	1—3年	医药、医学、护理等相关专业	14—25	非常紧缺

续表1

岗位类别	任职要求			起薪范围（万元/年）	紧缺程度
	学历要求	工作经验要求	专业要求		
药理毒理研究员	硕士	1—3年	医药、药学、细胞学、免疫学等相关专业	12—25	非常紧缺
医药研发管理	硕士	1—3年	医药、化学化工、生物等相关专业	12—25	非常紧缺
药品注册专员	本科	4—6年	医药、药学、化学化工、生物学等相关专业	10—25	非常紧缺
生物制剂研究员	博士	1—3年	医药、药学、化学化工、生物学等相关专业	25—45	非常紧缺
蛋白纯化研究员	硕士	1—3年	生物、细胞生物学、医药、制药等相关专业	12—30	非常紧缺
合成研究员	硕士	1—3年	有机化学、药学等相关专业	12—30	非常紧缺
临床项目管理	本科	4—6年	医学、医药、生物工程等相关专业	12—30	非常紧缺
免疫研发工程师	博士	1—3年	生物技术、生物工程、细胞生物学等相关专业	28—54	非常紧缺
临床监查员CRA	本科	4—6年	医学、医药、生物工程等相关专业	10—30	非常紧缺
药代研究员	硕士	1—3年	药学、药物分析、化学等相关专业	10—25	非常紧缺
算法工程师	硕士	1—3年	计算机、数学、人工智能、自动化、统计等相关专业	15—45	非常紧缺
医疗器械研发	本科	4—6年	机械等相关专业	12—30	非常紧缺
药品生产/质量管理	本科	4—6年	医药、化学化工、生物学、医疗器械等相关专业	8—20	非常紧缺

续表 2

岗位类别	任职要求			起薪范围（万元/年）	紧缺程度
	学历要求	工作经验要求	专业要求		
结构设计工程师	本科	4—6年	机械等相关专业	14—30	非常紧缺
学术经理	硕士	7—9年	医学、药学、医药、化学等相关专业	17—50	非常紧缺
Java开发工程师	本科	4—6年	计算机、软件、自动化等相关专业	15—50	非常紧缺
化学分析研究员	本科	4—6年	医药、化学等相关专业	14—30	非常紧缺
细胞工程师	博士	1—3年	生物学、细胞学等相关专业	28—56	非常紧缺
PCR研发工程师	硕士	1—3年	医学、医药、生物学等相关专业	11—18	非常紧缺
临床协调员	大专	1—3年	医学、护理学、生物学等相关专业	6—15	非常紧缺
临床质量控制	本科	7—9年	医学、医药、护理学等相关专业	18—50	非常紧缺
学术推广专员	大专	1—3年	医学、药学、医药、化学等相关专业	7—20	非常紧缺
工艺工程师	本科	1—3年	医学、药学、医药、化学等相关专业	8—15	非常紧缺

资料来源:《杭州市重点产业紧缺人才需求目录（2022年）》，杭州市人力资源和社会保障局 http://hrss.hangzhou.gov.cn/art/2023/2/1/art_1229125918_4136924.html.

从《郑州市重点产业急需紧缺人才需求指导目录（2023年）》来看，生物产业紧缺人才需求情况如表7-7所示。专业要求不仅包括医学、药学和生物学等生物产业常规需求专业，还囊括了数学这类基础学科。但紧缺急需人才的学历要求普遍限制在硕士及以上学历。

表7-7　郑州市2023年生物产业急需紧缺人才需求指导目录

岗位名称	急需紧缺指数	年工资薪金参考	学历要求	专业门类	专业类别
药物分析技术负责人	★★★★★	25万元及以上	博士研究生	医学/理学	药学、化学
药物合成技术负责人	★★★★★	25万元及以上	博士研究生	医学/理学	药学、化学
干细胞技术负责人	★★★★★	20万元及以上	博士研究生	医学/工学	基础医学、生物医学工程
干细胞临床应用工程师	★★★★★	20万元及以上	博士研究生	工学/理学	生物医学工程、生物学
抗体结构研究员	★★★★★	20万元及以上	博士研究生	理学	数学、生物学
兽药技术负责人	★★★★★	20万元及以上	博士研究生	农学/医学	兽医学、药学
细胞株开发技术负责人	★★★★★	20万元及以上	博士研究生	理学/工学	生物学、生物医学工程
类器官研发工程师	★★★★★	25万元及以上	硕士研究生及以上	理学/工学	生物学、生物医学工程
分子生物学研究员	★★★★★	20万元及以上	硕士研究生及以上	理学	生物学

资料来源：《郑州市重点产业急需紧缺人才需求指导目录（2023）》，郑州市人力资源和社会保障局 https://zzrs.zhengzhou.gov.cn/tzgg/7854808.jhtml.

5.新能源及节能环保产业

近年来，低碳绿色发展日益成为全球共识，新能源已经成为未来生活的重要能源。新能源产业已成为一个国家和地区高新技术发展水平的重要依据，也是新一轮国际竞争的战略制高点，发展新能源产业成为顺应科技潮流、推进产业结构调整的重要举措。在我国的能源战略布局中，新能源将占据越来越重要的位置。长三角、环渤海地区主要承担着新能源产业研发、高端制造功能，是我国新能源产业发展的高地；中部地区承担着核心材料研发制造功能；西部地区依托丰富的自然资源，是新能源发电项目承载地。新能源汽车融汇新能源、新材料和互联网、大数据、人工智能等多种变革性技术，推动汽车从单纯交通工具向移动智能终端、储能单元和数字空间转变，带动能源、交通、信息通信基础设施改造升级，促进能源消费结构优化、交通体系和城市运行智能化水平提升，对建设清洁美丽世界、构建人类命运共同体具有重要意义。2020年10月，国务院办公厅发布《新能源汽车产业发展规划（2021—2035年）》。该规划指出，发展新能源汽车是我国从汽车大国迈向汽车强国的必由之路，是应对气候变化、推动绿色发展的战略举措，并提出要加快建立适应新能源汽车与相关产业融合发展需要的人才培养机制，编制行业紧缺人才目录。

2021年11月，《安徽省新能源汽车产业急需紧缺人才目录（2021—2023）》发布。安徽省将新能源汽车和智能网联汽车纳入十大产业发展规划，提出要推动安徽新能源汽车产业实现规模速度、质量效益双提升，打造一批各具特色的产业集聚区，加快推动新能源汽车产业高质量发展。安徽省将支持合肥市打造"中国新能源汽车之都";计划以合肥、芜湖、安庆等市为重点,打造新能源汽车和智能网联汽车产业示范基地;以合肥、蚌埠为重点,打造动力锂电池产业基地;以合肥、六安、铜陵、芜湖等市为重点,打造燃料电池产业集聚区;以合肥、马鞍山等市为重点,打造新能源商用车基地等。

2023年9月发布的《安徽省制造业急需紧缺人才目录》包括新能源汽车与智能网联汽车、新能源与节能环保、新一代信息技术、人工智能、生命健康、新材料、高端装备制造和智能家电(居)等八大战略性新兴产业人才需求。其中新能源汽车与智能网联汽车下的细分产业汽车与零部件人才紧缺情况如表7-8所示。

表7-8　安徽省新能源汽车产业汽车及零部件紧缺人才目录

岗位名称	学历	相关工作年限要求	主要学科来源	紧缺度
QC工程师	大专	2	车辆工程、机械类、机械电子工程	★★★
QE工程师	大专	2	机械工程、车辆工程、质量管理工程	★★★
测试工程师	本科	1	车辆工程、自动化、电子信息类	★★★
产品开发工程师	本科	3	机械工程、车辆工程、质量管理工程、材料类	★★★
电气工程师	本科	2	机械工程、自动化、电气类	★★★

续表

岗位名称	学历	相关工作年限要求	主要学科来源	紧缺度
工艺工程师	本科	2	机械类、车辆工程、质量管理工程	★★★
模具工程师	大专	2	机械类、模具设计与制造	★★★
软件开发工程师	本科	2	计算机类、自动化类	★★★
设计师	本科	3	机械类、车辆工程类、自动化类	★★★
现场工程师	本科	2	机械类、工业工程、机械电子工程	★★★
项目经理	大专	3	车辆工程、管理学	★★★
研发工程师	本科	3	机械类、自动化类、材料类、化学类	★★★
整车工程师	大专	3	自动化类、电子信息类、车辆工程	★★★
铸造工程师	本科	2	材料类、机械类等	★★★
机械工程师	本科	2	机械类、自动化类、电气类	★★★
机械设计工程师	本科	3	机械设计制造机器自动化、电气类	★★★
化工工程师	本科	2	化学工程与工艺	★★★
结构设计工程师	本科	3	机械工程、车辆工程	★★★
设备工程师	大专	2	机械类、电气类、机械、电子工程	★★★
数控机床工	学历不限	1	机械类、电气类	★★★

资料来源：《安徽省制造业急需紧缺人才目录》，安徽省人力资源和社会保障厅 https://hrss.ah.gov.cn/zxzx/gsgg/8782744.html.

6.数字创意与文化创意产业

数字创意与文化创意产业在助推经济高质量发展、满足人民美好生活需要、推动中国文化"走出去"等方面发挥着不可替代的作用。以苏、浙、沪为例，三地将文化事业与文化产业发展纳入核心指标体系，推动各个领域改革创新，设立专项基金多方面为产业发展提供支撑。目前，新业态在整个文化产业中占比不高，且专业人才相对紧缺，还需大力发展数字类、创意类文化新业态。在《苏州市2023年度重点产业紧缺专业人才需求目录》中，文化产业对紧缺人才的学历要求主要集中在硕士和本科教育水平，具体情况如表7-9所示。

表7-9　苏州市2023年度文化创意产业紧缺专业人才需求目录

岗位名称	任职要求		岗位年薪（万元）	相关工作年限要求	学科门类	紧缺指数
	学历要求	专业要求				
特效师	本科	美术学类	60	3	艺术学	5级
动画设计师	本科		40	5		5级
3D项目经历	硕士	设计学类	20	3	艺术学/工学	5级
规划设计工程师	硕士		20	4		5级
数字孪生构架师	硕士		20	3		5级
3D构架师	硕士		15	3		5级
后期制作师	本科		13	1		5级
活动策划师	本科		13	2		5级
剪辑师	本科		13	2		5级

说明：以上仅列出紧缺指数为5级的岗位。

资料来源：《苏州市2023年度重点产业紧缺专业人才需求目录》，苏州市人力资源和社会保障局 http://hrss.suzhou.gov.cn/jsszhrss/bjdt/202307/489f5476940a4074a380f0c3dd34e229.shtml.

7.相关服务业

《战略性新兴产业分类》中的"相关服务业"分为新技术与创新创业服务、其他相关服务两类，具体包括研发服务、检验检测认证服务、标准化服务、其他专业技术服务、知识产权及相关服务、创新创业服务、其他技术推广服务、航空运营及支持服务、现代金融服务等行业。我国多地都在加大力度实施相关行业的引才计划。

前述《国家服务业扩大开放综合示范区和中国（北京）自由贸易试验区建设人力资源开发目录（2023年版）》在服务业相关领域的人力资源需求情况如表7-10所示。

表7-10　2023年国家服务业扩大开放综合示范区和中国（北京）自由贸易试验区服务业相关领域人力资源开发目录

行业大类	人力资源开发核心领域	人力资源开发代表岗位	人力资源开发评级	年薪中位数参考值（万元）
科技服务	知识产权服务	专利工程师、专利代理师、知识产权咨询师、知识产权律师、知识产权分析师、知识产权管理体系审核员、专利撰写专家等	☆☆☆	25.7
	创业孵化服务	创业孵化咨询师、投资经理等	☆	18.6
	科技成果转移转化服务	技术经理人、科技成果验证工程师、科技成果转化产品经理等	☆☆☆☆	18.6
商务服务	涉外仲裁服务	涉外仲裁员、争议解决律师、国际贸易争议解决专家等	☆☆	不以年薪方式计算
	人力资源技术服务	高级招聘专家、组织发展专家、薪酬绩效专家、人力资源数字化产品经理、人力资源数据分析师等	☆☆☆	24.8

行业大类	人力资源开发核心领域	人力资源开发代表岗位	人力资源开发评级	年薪中位数参考值（万元）
金融	国家进入管理中心建设	ESG研究员、金融风控/合规专家、金融估值/量化交易/资产配置高层次专家、跨境资产管理专家、跨境投融资法律顾问、外汇交易专家等	☆ ☆ ☆ ☆	40
	金融科技服务	金融云平台工程师、金融数据分布式计算工程师、金融系统架构师、金融数据产品经理、交易系统技术专家、金融产品推荐算法工程师、数字货币风控专家、数字货币量化研究员等	☆ ☆ ☆ ☆	36

资料来源：《国家服务业扩大开放综合示范区和中国（北京）自由贸易试验区建设人力资源开发目录（2023年版）·重点产业领域人力资源开发目录（2023）》，北京市人力资源和社会保障局https://rsj.beijing.gov.cn/xxgk/tzgg/202309/t20230901_3241746.html.

（二）其他重点产业

除上述战略性新兴产业外，国内各省市在制定急需紧缺人才目录时，还会根据地区经济发展目标和产业布局等提出相关重点产业的人才需求计划。本小节以部分地区需求较为集中的人力资源服务业、文旅产业和特色农业为例进行梳理分析。

1.人力资源服务业

党的十八大以来，人力资源服务业加速迈向高质量发展阶段，党的十九大报告把人力资源服务业发展作为建设现代化经济体系的重要内容。发展人力资源服务业列入"十二五"以来的历次五年规划和产业目录，人社部会同有关部门在2014年、2017年、2021年相继出台鼓励发展的政策文件，人社部在2022年1月、3月、6月和11月分别印发了《"十四五"职业技能培训规划》《关于发挥人力资源服务机构作用助推劳务品牌建设的通知》《关于开展人力资源服务机构稳就业促就业行动的通知》和《关于进一步支持农民工就业创业的实施意见》。各地也纷纷出台政策，加大对人力资源服务业的支持力度。2022年7月，江苏省发布《江苏省人力资源社会保障部门优化营商环境实施意见》，推进国家和省级人力资源服务产业园建设。2022年1月，上海市发布《关于促进本市人力资源服务业高质量发展的实施意见》，持续优化国家级人力资源服务产业园"一园多区"的产业布局。2022年8月，北京市发布《国家服务业扩大开放综合示范区和中国（北京）自由贸易试验区建设人力资源开发目录（2022年版）》，旨在吸引国内外优质人才聚集，提供专业高效的服务。2023年9月，上海市人力资源和社会保障局等六部门发布《上海市人力资源服务业创新发展行动方案（2023—2025）》，指出要牢牢把握服务现代化导向、高层次导向、国际化导向、超常规导向，以全球视野、国际标准、开放理念，以创新突破为根本动力，充分发挥上海功能优势和平台优势，全方位促进人力资源服务产业高质量发展、高水平开放、高品质服务，着力打造布局合理、要素集聚、服务一流、协同联动的专业化、数字化、国际化、品牌化、标准化人力资源服务体系，为上海推进高质量充分就业、高品质民生、高水平人才高地建设奠定重要基础，为建设具有世界影响力的社会主义现代化国际大都市、推进中国式现代化提供重要动力。

2023年7月，《苏州市2023年度重点产业紧缺专业人才需求目录》正式发布，该目录结合苏州经济发展现状与产业发展规划，立足数字经济时代产业创新集群融合发展要求，锁定先进制造业、新兴服务业两大产业领域，对涵盖电子信息、装备制造、生物医药、先进材料四大产业创新集群，包括26个行业、163个重点发展方向展开调研，通过具体掌握苏州市重点产业对紧缺人才的需求态势，增强人才引进、培养的针对性。其中涉及对人力资源服务行业紧缺岗位的需求信息55项（具体信息见表7-11），紧缺程度较高，主要涉及知识产权/专利主管、高级技术服务工程师、市场专员等岗位，基本要求本科学历，普遍要求三年以上相关工作经验。

表7-11　苏州市2023年度人力资源服务业紧缺专业人才需求目录

学科门类	紧缺专业	紧缺指数	岗位名称	学历要求	相关工作年限要求	岗位年薪（万元）	涉及重点产业发展方向
工学	电气类	5级	知识产权/专利主管	本科	7	26	会计审计评估服务、知识产权服务、人力资源服务
工学	电气类	5级	高级技术服务工程师	本科	3	16	人力资源服务、知识产权服务、设计服务、检验检测认证服务

续表1

学科门类	紧缺专业	紧缺指数	岗位名称	学历要求	相关工作年限要求	岗位年薪（万元）	涉及重点产业发展方向
工学	电气类	5级	高级技术综合工程师	本科	2	14	知识产权服务、设计服务、人力资源服务、检验检测认证服务
工学/理学	电子信息类	5级	高级研究开发工程师	硕士	2	20	设计服务、人力资源服务、知识产权服务
工学/理学	电子信息类	5级	知识产权/专利主管	本科	7	26	会计审计评估服务、知识产权服务、人力资源服务
工学/理学	电子信息类	5级	高级技术服务工程师	本科	3	20	人力资源服务、知识产权服务、设计服务、检验检测认证服务
工学/理学	电子信息类	5级	高级信息技术工程师	本科	3	19	人力资源服务、知识产权服务、设计服务、检验检测认证服务
工学/理学	电子信息类	5级	高级技术综合工程师	本科	2	14	知识产权服务、设计服务、人力资源服务、检验检测认证服务
工学/理学	电子信息类	5级	技术培训专员	本科	3	13	检验检测认证服务、知识产权服务、人力资源服务

续表2

学科门类	紧缺专业	紧缺指数	岗位名称	学历要求	相关工作年限要求	岗位年薪（万元）	涉及重点产业发展方向
法学	法学类	5级	知识产权/专利主管	本科	7	26	会计审计评估服务、知识产权服务、人力资源服务
管理学/经济学/艺术学	工商管理类	5级	销售总监	本科	7	43	人力资源服务、设计服务
管理学/经济学/艺术学	工商管理类	5级	区域销售专员	本科	4	30	检验检测认证服务、设计服务、人力资源服务
管理学/经济学/艺术学	工商管理类	5级	知识产权/专利主管	本科	7	26	会计审计评估服务、知识产权服务、人力资源服务
管理学/经济学/艺术学	工商管理类	5级	市场专员	本科	3	15	检验检测认证服务、设计服务、人力资源服务
理学/工学	化学类	5级	高级技术服务工程师	本科	3	20	人力资源服务、知识产权服务、设计服务、检验检测认证服务
理学/工学	化学类	5级	市场专员	本科	3	15	检验检测认证服务、人力资源服务、设计服务
理学/工学	化学类	5级	高级技术综合工程师	本科	2	14	知识产权服务、设计服务、人力资源服务、检验检测认证服务

续表3

学科门类	紧缺专业	紧缺指数	岗位名称	学历要求	相关工作年限要求	岗位年薪（万元）	涉及重点产业发展方向
理学/工学	化学类	5级	技术培训专员	本科	3	13	知识产权服务、人力资源服务、检验检测认证服务
工学	机械类	5级	资深品牌专员	硕士	5	40	人力资源服务、检验检测认证服务
工学	机械类	5级	知识产权/专利主管	本科	7	26	会计审计评估服务、知识产权服务、人力资源服务
工学	机械类	5级	高级技术服务工程师	本科	3	20	知识产权服务、设计服务、人力资源服务、检验检测认证服务
工学	机械类	5级	高级技术综合工程师	本科	2	14	知识产权服务、设计服务、人力资源服务、检验检测认证服务
理学/工学/管理学	计算机类	5级	高级研究开发工程师	硕士	2	20	设计服务、人力资源服务、知识产权服务
理学/工学/管理学	计算机类	5级	大客户经理	本科	6	43	设计服务、人力资源服务
理学/工学/管理学	计算机类	5级	资深软件开发工程师	本科	7	38	人力资源服务

续表4

学科门类	紧缺专业	紧缺指数	岗位名称	学历要求	相关工作年限要求	岗位年薪（万元）	涉及重点产业发展方向
理学/工学/管理学	计算机类	5级	前端开发工程师	本科	5	22	人力资源服务
理学/工学/管理学	计算机类	5级	高级技术服务工程师	本科	3	20	知识产权服务、设计服务、人力资源服务、检验检测认证服务
理学/工学/管理学	计算机类	5级	高级信息技术工程师	本科	3	19	知识产权服务、设计服务、人力资源服务、检验检测认证服务
理学/工学/管理学	计算机类	5级	售前工程师	本科	3	19	知识产权服务、设计服务、人力资源服务、检验检测认证服务
工学	土木类	5级	高级技术服务工程师	本科	3	20	知识产权服务、设计服务、人力资源服务、检验检测认证服务
工学/理学	材料类	4级	高级研究开发工程师	硕士	2	20	知识产权服务、设计服务、人力资源服务
工学/理学	材料类	4级	知识产权/专利主管	本科	7	26	会计审计评估服务、知识产权服务、人力资源服务

学科门类	紧缺专业	紧缺指数	岗位名称	学历要求	相关工作年限要求	岗位年薪（万元）	涉及重点产业发展方向
工学/理学	材料类	4级	技术培训专员	本科	3	13	检验检测认证服务、知识产权服务、人力资源服务
管理学/经济学/工学	电子商务类	4级	市场专员	本科	3	15	检验检测认证服务、人力资源服务、设计服务
工学/管理学/理学	管理科学与工程类	4级	销售总监	本科	7	43	人力资源服务、设计服务
工学/管理学/理学	管理科学与工程类	4级	售前工程师	本科	3	19	知识产权服务、设计服务、检验检测服务、人力资源服务
理学/工学/农学	环境科学与工程类	4级	高级技术服务工程师	本科	3	20	知识产权服务、设计服务、检验检测服务、人力资源服务
理学/工学/农学	环境科学与工程类	4级	市场专员	本科	3	15	设计服务、检验检测服务、人力资源服务
经济学	经济学类	4级	大客户经理	本科	6	43	设计服务、人力资源服务
经济学	经济学类	4级	高级技术服务工程师	本科	3	20	知识产权服务、设计服务、检验检测服务、人力资源服务
工学	能源动力类	4级	大客户经理	本科	6	43	设计服务、人力资源服务

续表6

学科门类	紧缺专业	紧缺指数	岗位名称	学历要求	相关工作年限要求	岗位年薪（万元）	涉及重点产业发展方向
工学	能源动力类	4级	知识产权/专利主管	本科	7	26	会计审计评估服务、知识产权服务、人力资源服务
理学/工学	生物科学类	4级	高级技术服务工程师	本科	3	20	人力资源服务、知识产权服务、设计服务、检验检测认证服务
理学/工学	生物科学类	4级	售前工程师	本科	3	19	人力资源服务、知识产权服务、设计服务、检验检测认证服务
理学/工学	生物科学类	4级	技术培训专员	本科	3	13	人力资源服务、知识产权服务、检验检测认证服务
理学	物理学类	4级	高级技术服务工程师	本科	3	20	人力资源服务、知识产权服务、设计服务、检验检测认证服务
理学/医学	药学类	4级	高级技术服务工程师	本科	3	20	人力资源服务、知识产权服务、设计服务、检验检测认证服务
工学	测绘类	3级	高级信息技术工程师	本科	3	19	知识产权服务、检验检测认证服务、设计服务、人力资源服务

学科门类	紧缺专业	紧缺指数	岗位名称	学历要求	相关工作年限要求	岗位年薪（万元）	涉及重点产业发展方向
农学/理学	动物医学类	3级	高级技术服务工程师	本科	3	20	人力资源服务、知识产权服务、设计服务、检验检测认证服务
经济学/管理学/理学	金融学类	3级	市场专员	本科	3	15	检验检测认证服务、人力资源服务、设计服务
工学/理学	力学类	3级	售前工程师	本科	3	19	人力资源服务、知识产权服务、设计服务、检验检测认证服务
艺术学/工学	设计学类	3级	市场专员	本科	3	15	人力资源服务、设计服务、检验检测认证服务
管理学/工学	公共管理类	2级	知识产权/专利主管	本科	7	26	会计审计评估服务、知识产权服务、人力资源服务
管理学/工学	公共管理类	2级	市场专员	本科	3	15	检验检测认证服务、人力资源服务、设计服务
工学	化工与制药类	2级	市场专员	本科	3	15	检验检测认证服务、人力资源服务、设计服务

续表8

学科门类	紧缺专业	紧缺指数	岗位名称	学历要求	相关工作年限要求	岗位年薪（万元）	涉及重点产业发展方向
医学/理学	基础医学类	2级	售前工程师	本科	3	19	人力资源服务、知识产权服务、设计服务、检验检测认证服务

注：紧缺指数是对学科专业在重点产业领域需求程度的定量评价，用数值1—5表示，数值越大，紧缺程度越高。岗位年薪是指企业向人才支付的年全面先进薪酬75分位值。

资料来源：《苏州市2023年度重点产业紧缺专业人才需求目录》，苏州市人力资源和社会保障局，http://hrss.suzhou.gov.cn/jsszhrss/bjdt/202307/489f5476940a4074a380f0c3dd34e229.shtml.

2.文旅产业

作为我国大力扶持发展的第三产业新模式，文化与旅游两大产业的融合发展对促进区域经济发展和产业结构转型有着重要意义。文化旅游产业成为挖掘地方文化、完善旅游产业、撬动地方经济腾飞的重要发展方向。2022年12月，福建省发布《福建省"四大经济"部分急需紧缺职业（工种）目录》，共涉及48个职业（工种），其中前厅服务员、营养配餐员、园林绿化工、社会体育指导员等文旅产业职业（工种）占21%。《苏州2023年度重点产业紧缺专业人才需求目录》中也涉及此产业，共计30项岗位信息，列于表7-12。福建省的岗位需求主要是服务型人才，侧重对旅游休闲产业紧缺人才的引进，而苏州市则侧重电竞动漫、影视娱乐、体育消费等文化创意产业，对学历和工作经验要求较高。

表7-12 苏州2023年度文化创意和旅游产业紧缺专业人才需求目录

学科门类	紧缺专业	紧缺指数	岗位名称	学历要求	相关工作年限要求	岗位年薪（万元）
艺术学	美术学类	5级	特效师	本科	3	60
艺术学	美术学类	5级	动画设计师	本科	5	40
艺术学/工学	设计学类	5级	3D项目经理	硕士	3	20
艺术学/工学	设计学类	5级	规划设计工程师	硕士	4	20
艺术学/工学	设计学类	5级	数字孪生架构师	硕士	3	20
艺术学/工学	设计学类	5级	3D架构师	硕士	3	15
艺术学/工学	设计学类	5级	特效师	本科	3	60
艺术学/工学	设计学类	5级	后期制作师	本科	1	13
艺术学/工学	设计学类	5级	活动策划师	本科	2	13
艺术学/工学	设计学类	5级	剪辑师	本科	2	13
艺术学	喜剧与影视学类	4级	游戏开发工程师	本科	2	50
艺术学	喜剧与影视学类	4级	动画设计师	本科	5	40
艺术学	喜剧与影视学类	4级	短视频编导	本科	2	15
文学/管理学	新闻传播学类	4级	数字媒体策划师	本科	3	18
文学/管理学	新闻传播学类	4级	电竞项目执行	本科	2	13

续表1

学科门类	紧缺专业	紧缺指数	岗位名称	学历要求	相关工作年限要求	岗位年薪（万元）
文学/管理学	新闻传播学类	4级	活动执行员	本科	1	13
艺术学	音乐与舞蹈学类	4级	圆号副首席	本科	5	30
艺术学	音乐与舞蹈学类	4级	小号演奏员	本科	1	20
文学	中国语言文学类	4级	数字媒体策划师	本科	3	18
管理学/经济学/艺术学	工商管理类	3级	零售综合总监	本科	8	25
理学/工学/管理学	计算机类	3级	赛事数据分析师	本科	2	13
工学/农学/艺术学	建筑类	3级	规划设计工程师	硕士	4	20
工学/农学/艺术学	建筑类	3级	景观设计工程师	硕士	3	20
工学/农学/艺术学	建筑类	3级	合约造价主管	本科	5	20
教育学/理学/工学/艺术学	教育学类	3级	科教导师	本科	2	14
经济学	经济与贸易类	3级	活动策划	本科	2	13
农学/工学/理学	植物生产类	3级	农业研发咨询人员	硕士	0	20
理学	数学类	2级	自媒体运营	本科	0	15

续表2

学科门类	紧缺专业	紧缺指数	岗位名称	学历要求	相关工作年限要求	岗位年薪（万元）
理学/经济学	统计学类	2级	赛事数据分析师	本科	2	13
理学/经济学	统计学类	2级	税务经理	本科	3	13

注：紧缺指数是对学科专业在重点产业领域需求程度的定量评价，用数值1—5表示，数值越大，紧缺程度越高。岗位年薪是指企业向人才支付的年全面先进薪酬75分位值。

资料来源：《苏州市2023年度重点产业紧缺专业人才需求目录》，苏州市人力资源和社会保障局，http://hrss.suzhou.gov.cn/jsszhrss/bjdt/202307/489f5476940a4074a380f0c3dd34e229.shtml.

3.特色农业

发展特色农业是我国农业结构战略调整的要求，是提高我国农业国际竞争力的要求，也是增加农民收入的迫切需要。我国部分省市根据区域自然地理环境，将区域内独特的农林牧渔资源转化为特色商品，将特色农业打造为区域重点优势产业。伴随着农林牧渔业的升级发展，各地对相应专业的紧缺人才也需求旺盛。

2022年9月，广州市发布了《广州市重点产业紧缺人才目录》，旨在引导人才资源向新一代信息技术、智能网联与新能源汽车、生物医药与健康等新兴支柱产业汇聚，重点打造广州市21条产业链，为推动"广州制造"向"广州智造"升级提供人才智力支撑。具体如表7-13所示。

表7-13　广州市重点产业紧缺人才目录

岗位名称	学历	工作经验要求	紧缺指数	紧缺等级
林业工程师	本科及以上	三年及以上	5.21	☆☆☆
场长（农/林/牧/渔业）	大专及以上	三年及以上	4.35	☆☆☆
园林工程师	本科及以上	三年及以上	4.18	☆☆☆
林业研究员	大专及以上	三年及以上	4.06	☆☆☆
园艺研究员	大专及以上	两年及以上	4.01	☆☆☆

资料来源：《广州市重点产业紧缺人才目录》，http://weixin.njrsrc.cn/dist/index.html#/pdfPreview?fileName=广州市%2F广州市重点产业紧缺人才目录。

2023年11月，广西壮族自治区人力资源和社会保障厅组织编制《2023年广西重点产业急需紧缺人才目录》，旨在具体掌握全区重点产业相关单位急需紧缺人才的需求，为各级政府部门制定人才政策提供参考，充分发挥在优化人力资源流动配置服务就业、服务人才、服务发展中的积极作用，促进人才区域合理布局和协调发展，推进人才链与创新链产业链深度融合，推动重点产业高质量跨越式发展。其中，现代农业产业紧缺人才需求情况如表7-14所示。

表7-14　2023年广西壮族自治区现代农业产业紧缺人才目录

行业名称	岗位名称	岗位类别	专业要求	学历要求	相关经验	紧缺类型	紧缺度
农业	农产品工程师	专业技术类	农产品加工，食品科学与工程，生物工程	本科及以上	10年以上	能力紧缺	★★★★

续表 1

行业名称	岗位名称	岗位类别	专业要求	学历要求	相关经验	紧缺类型	紧缺度
农业	植被生态学与岩溶生态系统研究岗	专业技术类	植物学，生物科学类，生态学，生物学，林学，环境科学，耕作学，自然地理学，微生物学，遗传育种学，土壤学	博士研究生及以上	1年以上	供给紧缺	★★★★★
农业	火龙果育种技术员	专业技术类	作物生产技术	大专及以上	5年以上	能力紧缺	★★★★
农业	中药材研究技术员	专业技术类	生物科学类，农学，分子生物学	博士研究生及以上	无	能力紧缺	★★★★★
农业	柑橘试验站技术员	专业技术类	作物生产技术，现代农业技术	大专及以上	3年以上	供给紧缺	★★★
农业	种植技术员	高技能类	生物科学类，茶叶生产加工技术，作物生产技术，园艺技术，农业技术与管理，农业类	硕士研究生及以上	10年以上	数量紧缺	★★★★★
农业	农批市场运营总监	市场营销类	市场营销	大专及以上	5年以上	供给紧缺	★★
林业	政策研究员	专业技术类	林业，环境科学，公共政策	硕士研究生及以上	无	能力紧缺	★★★
林业	花卉/绿植景观设计师	专业技术类	园艺，园林，植物保护	大专及以上	3年以上	数量紧缺	★★★

续表2

行业名称	岗位名称	岗位类别	专业要求	学历要求	相关经验	紧缺类型	紧缺度
林业	森林病虫防治检疫员	专业技术类	林学，森林资源保护与游憩，森林资源类	大专及以上	无	供给紧缺	★★
林业	林业技术员	专业技术类	野生动物与自然保护区管理，林业技术（林政资源管理），林业信息工程与管理，林业工程类	硕士研究生及以上	无	数量紧缺	★★
林业	机械采伐技术员	高技能类	林业，机械类	大专及以上	3年以上	能力紧缺	★★★★
畜牧业	牧场管理员	管理类	畜牧，草业，农业	本科及以上	5年以上	供给紧缺	★★★
畜牧业	饲料配方师	专业技术类	动物营养学，饲料科学，兽医学	本科及以上	2年以上	数量紧缺	★★★
畜牧业	养殖技术员	专业技术类	动物医学类，水产养殖学，水产类	本科及以上	无	供给紧缺	★★★★★
畜牧业	动物疫病防控技术员	专业技术类	动物医学类，动物科学，基础兽医学，预防兽医学，临床兽医学，畜牧兽医类	硕士研究生及以上	无	供给紧缺	★★★★★

资料来源：《2023年广西重点产业急需紧缺人才目录》，广西人才网，https://www.gxrc.com/Article/info/f18424e8-1e3a-4b44-b886-b1a659d7b2ec.

宁夏回族自治区中卫市统筹谋划人才培育实施政策，认真开展全市人才工作集中大调研活动，由29名相关行业主管部门骨干组成4个调研组，分别对云计算和大数据、新能源、新材料、精细化工和冶金制造等8个行业领域人才队伍建设情况深入调查研究，中卫市聚焦"六个特色"产业、教育医疗等行业发展需要，精准摸排确定引才岗位，针对35家企事业单位引才需求，发布《2023年度中卫市高层次急需紧缺人才需求目录》，其中功能农业紧缺急需人才如表7-15所示。

表7-15　2023年宁夏回族自治区中卫市功能农业紧缺急需人才引进指导目录

岗位	专业要求	学历等要求
技术员	园林设计	本科及以上学历
技术员	农业种植	
技术员	畜牧业	
技术员	林业	
技术员	工程管理	
饲料配方师	动物科学、动物营养类	研究生及以上学历
技术主管	动物医学、动物科学类	
人事主管	人力资源	本科及以上学历
会计	财务、会计、金融、投资	
研发工程师	食品工程相关专业	
研发工程师	食品工程、发酵工程等相关专业	研究生及以上学历
示范推广	动物遗传育种与繁殖、动物营养与饲料科学、畜牧学、畜牧、兽医	研究生及以上学历
办公室	行政管理	本科及以上学历

续表

岗位	专业要求	学历等要求
妊娠主管	畜牧兽医、动物营养、动物防疫与检疫	本科及以上学历
保育主管	畜牧兽医、动物营养、动物防疫与检疫	
产房主管	畜牧兽医、动物营养、动物防疫与检疫	
妊娠技术员	畜牧兽医、动物营养、动物防疫与检疫	
生产技术厂长	畜牧兽医、动物营养、动物防疫与检疫	
电商运营	电子商务	研究生及以上学历
美工	美术	

资料来源：《2023年度中卫市"六个特色"产业急需紧缺人才需求目录》，http://weixin.njrsrc.cn/dist/index.html#/pdfPreview?fileName=中卫市%2F2023年度中卫市"六个特色"产业急需紧缺人才需求目录。

（三）急需紧缺人才状况比较

1.创新型人才重要性凸显

新一轮科技革命和产业变革正在加速演进，科技和人才成为国际战略博弈的主战场。当前，我国正在推动经济高质量发展，努力实现经济现代化，这就需要大力发展科学技术，努力成为创新高地。习近平总书记指出，"我国经济社会发展和民生改善比过去任何时候都更加需要科学技术解决方案，都更加需要增强创新这个第一动力"。如何激发各类人才创新活力、建设科技技术与创新人才高地，成为各地制订人才需求计划时考虑的核心问题之一，创新型人才成为各地急需紧缺人才的重要组成部分。

南京市始终坚持把创新摆在发展全局的核心位置，深入实施创新驱动发展战略，推进引领国家创新型城市建设。以创新为引领，南京加快现代化产业体系构建，实施高企培育"筑基、强基、链基"工程，着力打造创新型产业集群，软件和信息服务业、智能电网入选首批国家先进制造业集群。2023年6月，《南京市推进产业强市行动计划（2023—2025年）》发布实施，战略性新兴产业成为"主引擎"，培育壮大"2+6+6"创新型产业集群①是关键之举。为构建产才融合高地，推动产业布局与人才发展同步规划，助力"2+6+6"创新型产业集群高质量发展，《2023年度南京市创新型产业集群紧缺人才需求目录》于2023年6月发布，以产业发展为着力点，以"2+6+6"创新型产业集群发展的人才供需为落脚点，深入分析创新型产业集群人才现状及紧缺人才的需求状况，为精准开展人才招引工作提供依据和参考，推动创新链产业链资金链人才链深度融合、一体发展。此目录共列入309个岗位，其中紧缺度为5的岗位有100个，占32.36%，专业技术类岗位有226个，占73.14%。人才需求提质增量是促进南京创新型产业集群高质量发展的重要工作。

软件与信息服务产业发布的前五位职位为Java工程师、大

---

① 培育壮大"2+6+6"创新型产业集群是指增强软件和信息服务、新型电力（智能电网）量大产业集群全球竞争力，拼夺新能源汽车、智能制造装备、集成电路、生物医药、新型材料和航空航天六大产业集群国内制高点，抢占新一代人工智能、第三代半导体、基因与细胞、元宇宙、未来网络与先进通信、储能与氢能六个引领突破的未来产业新赛道。

客户销售、产品经理、C++工程师、售前技术支持，占比分别为 3.36%、3.00%、2.85%、1.94%和1.77%。其后占比较高的岗位依次为渠道销售、WEB前端开发、嵌入式开发等。Java工程师仍是发布岗位数量第一，但同比降低了1.96%，对于C++工程师的需求有明显上升。

智能电网产业发布职位占比前五位为电气工程师、C++工程师、嵌入式软件开发、硬件研发工程师和射频工程师，占比分别为4.24%、3.98%、2.56%、2.51%和1.38%。南京市智能电网行业处于稳步发展中，各类工程师仍然是最紧缺岗位，同时，对于销售业务人员、产品经理、项目经理的需求有所提升。随着多产业数字化融合发展，算法工程师、C++软件工程师等需求热度明显提升。

集成电路产业发布职位占比前五位的为嵌入式开发工程师、测试工程师、硬件工程师、FPGA工程师和数字电路验证工程师，占比分别为4.62%、3.66%、3.11%、2.88%、2.50%。其后占比较高的岗位依次为模拟版图工程师、射频电路设计工程师、芯片测试工程师、驱动开发工程师、产品经理、算法工程师等。

集成电路产业与软件与信息服务、智能制造产业存在较强人才竞争，对技术人才特别是高学历人才需求旺盛。目前集成电路产业尤其缺乏高端人才，即使较高的薪酬水平仍难以招聘合适的人才，此类人才往往需要进行精准引才、融合式培养。

生物医药产业发布职位占比前五位为生物制药/工程、药品研发、医药产品经理、生物药研究员、蛋白研发工程师，占比分别为4.78%、2.90%、2.05%、1.49%和1.35%。其后占比较高的岗位依次为药品生产/质量管理、医药代表、临床数据分析师等。

智能制造产业发布职位占比前五位为电气工程师、机械工程师、生产计划/物料管理（PMC）、ERP技术开发和销售工程师，占比分别为4.43%、2.57%、2.38%、1.97%和1.86%。其他占比较高的岗位依次为工艺/制程工程师（PE）、算法工程师、自动化工程师等。南京锚定智能制造主攻方向，聚力壮大先进制造业集群全力推进"两化"融合、软硬件融合、制造业与服务业融合发展。随着制造业数字化转型不断深入，从数据化到数字化再到智能化持续进阶，智能制造产业对于数字化创新人才需求强劲。

新能源汽车产业发布职位占比前五位为整车开发工程师、整车控制系统工程师、汽车电子/电器工程师、电池工程师、工艺/制程工程师，分别为4.95%、3.25%、2.84%、2.63%、2.32%。其后占比较高的岗位依次为集成测试工程师、汽车动力系统工程师、智能网联工程师等。

新材料产业发布职位占比前五位为化工研发工程师、机械设计师、材料工程师、实验室负责人、塑料工程师，分别为6.27%、5.45%、5.12%、4.72%、3.28%。其后占比较高的岗位依次为实施顾问、销售经理、化工实验室研究员、财务经理等。新型材料产业集群重点发展化工新材料、先进金属材料、高性能膜材料、电子信息材料等重点领域，加快布局先进化工新材料及战略性新兴产业所需关键材料，推动分离膜、陶瓷膜、电池隔膜等高性能膜材料在环保、能源、生物等重点领域加快推广应用。到2025年，将南京市打造为国内重要的新型材料产业基地。

航空航天产业发布职位占比前五位为嵌入式软件开发、硬件工程师、飞行器设计与制造、产品经理、电气工程师，占比分别为4.55%、4.52%、3.66%、3.41%、2.52%。其后占比较高的岗位依次为射频工程师、机械结构工程师、工业/产品设计等。《南京市推进产业强市行动计划（2023—2025年）》指出到2025年将南京市打造成为具有全国影响力的航空航天产业研发和制造高地。依托于南京机载系统、空管和地面设备系统、机电液压系统、通航新材料、无人机等领域优势，以飞行运营为核心向产业链上下游延伸拓展。将带动先进遥感、导航定位、空天信息服务等相关岗位需求持续增加。

2.产才融合背景下人才集聚效应显著

人才是支撑产业转型升级、优化经济结构、转换增长动能的重要资源，是推动我国经济社会高质量发展的关键力量。因此，各地都在探索深入推进产才融合发展，围绕产业链布局创新链、人才链，以产聚才、以才兴产，促进产业发展与人才集聚螺旋式上升，实现高水平的可持续发展。一些高层次人才集中的中心城市纷纷采取有力措施，着力建设吸引和集聚人才的平台，加快形成战略支点。中西部经济带顺应发展大战略，通过与中心城市加强人才、科技、产业等方面的合作，有效承接各类人才的溢出，系统布局重点领域人才引进、培育和储备，以期提升产业发展的后劲和潜力。人力资源和社会保障部服务国家重大战略，推进地方急需紧缺人才目录编制发布工作，对于引导人才集聚、优化人才流动配置具有重要促进作用。

2023年10月28日，河北省人力资源和社会保障厅会同雄安新区管理委员会共同发布了《2023年雄安新区急需紧缺人才目录》（以下简称《目录》），《目录》共编入雄安新区613家重点企事业单位，急需紧缺人才需求岗位3163个，急需紧缺人才19552人。按照突出典型性、关注紧缺性和发挥指导性的价值标准，归纳提炼了人工智能算法工程师、云平台架构师、智慧城市顾问、自动驾驶研发岗等523个指导岗位和10172条人才需求信息，编制形成了《雄安新区高端高新产业急需紧缺人才目录》《雄安新区传统产业急需紧缺人才目录》《雄安新区公共服务业急需紧缺人才目录》和《雄安新区急需紧缺境外人才目录》等4本目录。

《雄安新区高端高新产业急需紧缺人才目录》聚焦"雄安新区高端高新产业发展核心区"的定位方向，同时结合新区本年度高端高新产业战略布局和发展实际，按照典型性和普遍性结合、务实性和创新性结合、科学性和引领性结合、地域性和广泛性结合的标准，共提炼出109个具有指导和参考价值的岗位，共需求人才884人。需求岗位涵盖新一代信息技术、现代生命科学和生物技术、新材料、高端现代服务业、绿色生态农业以及其他等符合新区重点发展方向的高端高新产业，既有产业发展需要的管理类、研发类岗位，又有人力资源、法务、招投标、物资采购、品牌推广等辅助支持类岗位，需求专业覆盖计算机、人工智能、经济学、法律、城市规划、市场营销、通信工程、园林、工程管理等专业领域，人才学历均要求本科及以上，同时在专业技能、执业资格、沟通能力、团队合作、分析和解决问题能力等方面提出了具体要求。

《雄安新区传统产业急需紧缺人才目录》围绕雄安新区传统产业转型升级实际，提炼出178个重点岗位、需求人才6126人。覆盖生产制造、建筑建材、交通运输、农林牧渔等产业，包括交通工程设计岗、电气工程师、房地产估价师等岗位。

《雄安新区公共服务行业急需紧缺人才目录》聚焦雄安新区公共服务事业和基础设施建设实际，按照典型性和普遍性结合、务实性和创新性结合、科学性和引领性结合、地域性和广泛性结合的标准，共提炼出190个具有指导和参考作用的岗位、需求各类人才3002人，用人主体覆盖雄安新区及三县卫生、教育、科研、劳动就业、社会保险、文化体育等机关、企事业单位和社会组织，包括教师、医师、护士、党群管理、行政管理、社区工作者、办公室文员等岗位，其中教师、医师、护士、会计、工程师等专业技术岗位明确提出执业资格和职称要求。

雄安新区已进入大规模建设与承接北京非首都功能疏解并重阶段，新区今后将围绕产业方向和疏解重点，细分产业发展方向，布局高端高新产业，推动数字产业化和产业数字化，加强产业链和创新链深度融合，广泛吸引、聚集国内外力量和资本参与雄安新区建设和发展。《雄安新区急需紧缺境外人才目录》聚焦部分重点产业领域对境外人才的引进需求和使用条件，充分参考北京、深圳等重点城市境外人才岗位目录编制经验和标准，按照典型性和普遍性结合、务实性和创新性结合、科学性和引领性结合、地域性和广泛性结合的标准，共提炼和编入46个需求岗位、需求人才160人。

西安市人力资源和社会保障局对西安市"十四五"重点产业规划明确的六大支柱产业、五大新兴产业、生产性服务业等重点产业（以下简称重点产业），以及制造业、软件和信息技术服务、信息传输产业群（以下简称产业群）人才供需情况开展调研分析。并于2023年10月发布《2023年度西安市重点产业急需紧缺岗位人才需求目录》，以为政府各项人才工作能够紧扣产业规划，更好地为企业发展所需人才要素保障提供支撑，从而进一步持续推动西安市产业经济高质量发展。此目录中指出现代服务、电子信息、新一代信息技术等规模大、发展程度较高的产业，人才需求较大，高学历、技术与技能类、1—2年与3—5年工作经验人才需求显著提升，人才需求正向具有一定工作经验的青年人才倾斜。西安作为陕西省会、西部地区重要中心城市、西安都市圈龙头，拥有丰富的科教资源、为数众多的国家重大科技基础设施，及重点实验室等高能级创新平台。近年来，秦创原创新驱动平台辐射效应和带动效应日益显现，已成为西北地区产业经济发展的一颗璀璨之星，对省内人才，尤其是省内高校青年人才吸引力强劲，也极大地提高了外地一线/新一线产业人才来西安发展意愿。西安市各重点产业/产业群、学历层次、类别、工作经验人才集聚形势较好，其中现代服务、汽车、食品和生物医药等重点产业，以及制造业、软件和信息技术服务、信息传输产业群人才集聚指数均在2.5及以上;博士研究生、硕士研究生高学历人才集聚指数均接近或超过2;专业、技能、市场类人才及具有一定工作经验的青年人才集聚指数均接近或超过3。

3.支持留学人员创新创业力度加大

近年来,我国不断推进留学人员回国创业平台建设。2021年3月,人社部发布《留学人员创业园建设和服务规范》行业标准,推动全国留学人员创业园向标准化、专业化、精细化方向发展,为留学回国人员提供更好的创新创业平台,主要规范了留学人员创业园的建设要求、通用服务流程、服务提供以及质量控制相关要求。2023年8月,江苏省苏州市人社局出台《苏州市留学人员创业园管理办法》,通过建立留学人员创业园分层管理体系,加大政策集成支持力度等举措,进一步赋能留学人员创业园建设发展,努力为留学人员来苏创新创业提供更优平台和环境。2023年10月,江苏省人社厅、省发改委、省教育厅等14部门联合下发通知,提出要支持留学回国人员创新创业,强化留学回国人员创新创业激励机制,发挥部省共建留创园和省留创园作为海外人才集聚主阵地作用,优先支持在先进制造业集群所在园区配套建设留创园,加强项目申报、投融资、创业培训、涉外联络、市场推广与产业对接服务能力建设。加快构建具有国际竞争力的引才用才机制,强化以才引才,用好港澳引才桥梁。多年来人社部门从政策扶持、开拓市场、服务保障等多方面推动留创园建设。截至2023年10月,全国共有留学人员创业园372家,其中省部共建

54家，入园企业超过2.5万个，9万名留学人才在园创新创业。

人才资源是经济社会发展的第一资源。留学人员是宝贵的人才资源，国家确立了"支持留学、鼓励回国、来去自由、发挥作用"的新时代留学工作方针。搭建留学回国人才求职就业对接的平台，打造优质的人才发展生态环境，完善人才评价、激励、服务保障等政策体系，优化紧缺人才信息服务，有助于促进留学回国人才向重点、急需领域流动，更好地发挥服务国家发展的重要作用。